KB235383

어떻게 달라져야 하는가

어떻게 달라져야 하는가 HOW

강미라 지음

가디언

CHAPTER 1 어떻게 생각할 것인가

급류와 맞닥뜨린 기업들에게

여름에는 시원한 수상 스포츠가 단연 인기다. 요트, 조정, 카누 등 어떤 물길을 타는지에 따라 여러 갈래의 재미도 있다. 특히 조정과 래프팅은 물살을 타는 방식이 전혀 달라 곧잘 대비된다.

조정 경기는 잔잔한 호수에서 일사불란하게 움직이는 속도경쟁의 스포츠다. 배의 끝머리에 앉은 리더의 구호에 맞춰 노를 저으면 그 물결이 강가에 규칙적으로 일면서 배는 쾌속 질주한다. 이때 리더만 배가 나아가는 방향을 볼 수 있고 나머지 팀원들은 앞을 등진 채 열심히 노를 젓는다. 조정 경기의 승패는 누가 가장 빨리 결승점을 통과하느냐에 달려 있다. 그래서 리더의 명령에 따라 집단의 힘을 한데 모으는 것이 중요하다.

반면 래프팅은 언제 뒤집어질지 모르는 급박한 급류 위에서 펼쳐진다. 굽이치는 협곡을 내려가면서 예측 못한 변화에 배는 이쪽저쪽으로 요동친다. 그래서 앞으로 노만 젓다가는 배가 뒤집혀 낭패를 볼 수 있음으로 시시각각 변하는 급류에 모두가 능동적으로 대처해야 한다. 어느 쪽으로 물살이 올지, 언제 바위가 나타날지 모르는 상황에서 배에 탄 개개인의 판단과 순발력이 요구된다. 바위가 나타나면 노로 배를 밀쳐내기도 하고, 물살이 너무 세면 속도 조절을 위해 노를 반대로 젓기도 한다. 또 얕은 물을 만나면 배를 직접 들고 가야 하기도 한다.

오늘날 비즈니스 환경은 어떨까. 조정 경기보다는 래프팅에 가깝다. 자고 일어나면 트렌드가 바뀌고 비즈니스 곳곳에서 예측 못한 혁신이 일어난다. 얼마 전까지 자유로운 네트워크 세상, 즉 유비쿼터스**Ubiquitous** 시대에 어떻게 대처하고 살아남을까를 고민했던 사람**혹은 조직**들이 이제는 인터넷을 기반으로 모든 사물을 연결하여 사람과 사물, 사물과 사물 간의 정보를 상호 소통하는 사물인터넷**Internet of Things**에 주목하고 있다.

빅데이터**big data**는 또 어떤가? 빅데이터란 일상생활에서 발생하는 수많은 데이터를 합리적으로 분류하고 분석하여 특정 분야에서 유의미한 결과물을 얻는 것이다. 이는 우리 주변에 나날이 쌓여가는 거대한 데이터가 더는 저장매체만 낭비하는 쓰레기가 아니라, 기존의 방식으로는 답을 찾지 못한 온갖 문제들에 대해 새로운 접근법을 열어주었다.

앞으로 언제, 어떤 변화가 닥쳐올지는 아무도 모른다. 이런 비즈니스 생태계에는 정해진 답이 없다. 즉 과거처럼 정해진 방법에 따라 앞만 보고 빠르게 나아가는 속도경쟁만으로는 기업의 미래를 보장할 수 없게 된 것이다.

그렇다면 우리는 '어떻게 달라져야 하는가?'

결론부터 말하자면 자유자재로 프로세스를 가지고 놀 수 있는 창의적이고 개방적인 사람 또는 조직이 필요하다. 역으로 성공한 기업의 일하는 방식을 그대로 베낀 프로세스로는 단기적인 성과만 있을 뿐 미래가 없다.

요즘 기업의 상황들을 보고 벼랑 끝에 서 있다고들 말한다. 너무 비관적으로만 이를 해석할 필요는 없을 듯하다. 우리의 뇌는 벼랑 끝에 섰을 때 새로운 생각을 떠올린다. 익숙한 상황에서는 철저히 기존의 회로만을 사용하지만 한계 상황에 봉착하면 본능적으로 위험을 감지하고 벗어나려 시도하기 때문이다. 바로 벼랑에 서 있는 지금이 출발점이 될 수 있다.

필자는 이 책을 쓰면서 독자들이 군더더기 없이 빠른 성과를 추구하는 '효율 만능' 패러다임에서 탈피해 고유한 가치와 창의성, 그리고 개방을 추구하는 '창조' 패러다임으로 옮겨갈 수 있도록 안내하고 싶었다. 이 책을 통해 기회 포착에 강한 기업, 성장 체질을 갖춘 기업이 더 많이 탄생하기를 바라는 마음이 간절하다.

　마지막으로 이 책이 출간되기까지 아낌없는 조언과 도움을 주신 삼일회계법인의 윤재봉 대표님과 전략적 사례연구를 지원해준 조지연 선생에게 감사를 표한다.

삼일아카데미 대표
강미라

당신의 비즈니스 감각은 몇 점인가?

당신이 어떻게 달라져야 하느냐를 알아보기에 앞서
먼저 당신의 성공 가능성부터 알아볼까요? (답은 15쪽에)

1. 무관해 보이는 아이디어를 결합해 새로운 아이디어를 만드는 역량, 예술적·감성적 아름다움을 창조하는 능력 등을 종합적으로 지칭하는 개념은?
   ① 하이브리드   ② 하이컨셉   ③ 하이테크   ④ 하이다이빙

2. 생산에 필요한 자원을 초과하는 잉여 자원을 의미하는 개념은?
   ① 린   ② 코코넛 위기   ③ 고정 마인드   ④ 슬랙

3. 새로운 아이디어를 만드는 활동으로, 숨겨진 닮음을 찾아내 이 개념에서 저 개념으로, 아는 것에서 모르는 것으로 생각을 확장하는 것은?
   ① 연상   ② 관찰   ③ 개방   ④ 융합

4. 성공적인 퍼스널 브랜딩과 관련된 내용으로 <u>옳지 않은</u> 것은?
   ① 프로젝트 리스트 관리   ② 상황과 목적에 맞는 의상
   ③ 군중 속의 나   ④ 일관된 행동과 아우라(Aura)

5. 대화를 효과적으로 시작하고 지속하는 데 있어 필요한 요소와 가장 관련이 <u>적은</u> 것은?

① 공감능력   ② 고정관념   ③ 비언어소통   ④ 신뢰

6. 다음 중 가치 중심 협상에 관한 설명으로 <u>옳지 않은</u> 것은?

① 상대보다 더 많은 이익   ② 상호 수용 가능한 합의
③ 욕구에 대한 깊은 이해   ④ 감성과 개방으로 가치 창출

7. 좋은 질문에 해당하는 것은?

① 유도성 질문   ② 같은 질문 반복   ③ 폐쇄형 질문   ④ '무엇'보다 '왜'에 집중

8. '핵심역량 유지 vs 시장점유율 확대'와 같은 선택의 상황에서 의사결정자가 겪는 고뇌를 칭하는 말은?

① 머피의 법칙   ② 알렉산더 딜레마   ③ 메리비언 법칙   ④ 포지셔닝

9. 급변하는 경영환경에서 변화 주도자가 되기 위한 전략은?

① 과거 성공 방식 재현   ② 트렌드에 대한 저항
③ 고객의 총체적 경험 이해   ④ 최신 기술에 모든 자원 투입

10. 문제의 본질을 찾는 방법으로 <u>옳지 않은</u> 것은?

① '왜?'라고 끈질기게 질문   ② 문제를 쪼개 보기(MECE)
③ 복잡한 현상 위주 분석   ④ 단순하고 깊은 의미 탐색

11. 뒤집어 보기(역발상)에 대한 설명으로 <u>옳은</u> 것은?

① 새로움과 익숙함의 균형   ② 불확실한 타깃 설정
③ 무차별적 변환 과정   ④ 새로운 것에 대한 불편함 감수

12. 기업의 사회적책임활동(CSR, Corporate Social Responsibility)과 공유가치창출 (CSV, Creating Shared Value)에 대한 설명으로 <u>옳지 않은</u> 것은?

① CSR은 시민적 책임 ② CSV는 기부 활동

③ CSV는 이익을 추구 ④ CSR은 평판 관리 차원

13. 부하들에게 자발적 추종을 불러일으켜 조직이나 부서에서 원하는 목표를 달성하도록 하는 과정이나 능력을 의미하는 말은?

① 팔로워십 ② 비즈니스 매너 ③ 리더십 ④ 매니징

14. 각자 가장 자신 있는 분야에서 최상의 조합을 이루는 팀이나 지점을 이르는 개념은?

① 갈락티코 ② 엘 시스테마 ③ 제로섬 ④ 스위트 스팟

15. 리더의 마인드 컨트롤을 위해 <u>필요하지 않은</u> 역량은?

① 플랜B 작성 ② 확고한 내적 기준 ③ 실수 예상 ④ 완벽주의

13개 이상　　　트렌드에 민감하고 창조 역량으로 똘똘 뭉친 인재군요!

조직과 개인이 어떻게 변화해야 하고 어느 방향으로 나아가야 하는지 훤히 알고 있는 당신! 당신이 바로 가장 훌륭한 현장의 교재입니다. 당신이 속한 조직의 과거와 현재, 미래에 대한 관점과 생각을 구체화해서 구성원들과 함께 계획을 세워보세요. 조만간 성공 사례로 소개될 수 있을 겁니다.

9~12개　　　파이팅, 고지가 눈앞에 있습니다!

기업들의 성공 스토리나 경영 개념을 상당히 많이 알고 있네요. 다만 머릿속에 흩어져 있는 이론을 정리할 필요가 있네요. '브릴리언트 팁(Brilliant Tip)'까지 놓치지 않는다면 경영의 방법론을 씨줄과 날줄로 촘촘히 엮을 수 있게 된답니다.

5~8개　　　조금만 노력하면 가능성이 충분해요!

새로운 트렌드나 경영 전반에 관심이 아예 없는 건 아니네요. 관심이 있다는 것만으로도 가능성이 충분합니다. 당신이 한 번쯤 들어봤던 개념이나 사실과 비교하면서 이 책을 읽다보면 현장감을 익힐 수 있을 겁니다. 머지않아 비즈니스 전문가가 되어 있는 당신을 발견할 수 있을 겁니다.

4개 이하　　　자꾸 변하는 트렌드, 따라잡기 힘들죠?

눈 감았다 뜨면 나타나는 새로운 이론과 트렌드, 어렵고 막막하게 느껴지나요? 걱정 마세요. 이 책은 실무에서 당장 적용 가능한 비즈니스 기본 개념과 사례, 그리고 이론을 한번에 정리했습니다. 중간에 포기하지 않고 끝까지 읽으면 성공의 첫 단추를 제대로 꿸 수 있답니다.

정답　　1. ②　2. ④　3. ①　4. ③　5. ②　6. ①　7. ④　8. ②　9. ③
10. ③　11. ①　12. ②　13. ③　14. ④　15. ④

나는 직감과 직관, 사고 내부에서
본질이라고 할 수 있는 심상이 먼저 나타난다.
말이나 숫자는 이것의 표현 수단에 불과하다.
_알버트 아인슈타인

어떻게
생각할 것인가

01

바비 인형 탄생의 순간

바비 인형은 어떻게 탄생했는가?

1945년 미국의 루스 핸들러 Ruth Handler 와 엘리엇 핸들러 Elliot Handler 부부는 장난감 제조회사 마텔 Mattel 을 설립했다. 초창기에는 여느 장난감 회사에서 만드는 것과 별반 다를 것 없는 인형들을 생산했다.

어느 날 루스 핸들러는 딸 바바라가 종이인형을 가지고 노는 모습을 유심히 지켜보게 되었다. 바바라는 어린아이였지만 종이인형을 가지고 놀면서 성인 여성이 하는 행동들을 흉내 내며 학습하고 있었다. 종이인형에게 화장을 해주기도 하고, 굽이 높은 구두도 신겨보며 주변에서 엄마나 다른 여성들이 하는 것들을 그대로 재현했다. 루스 핸들러는 딸 바바라를 통해 어린 소녀들에게 숙녀가 되고 싶어 하는 욕구가 있음을 깨닫게 되었다.

그 후 그녀는 소녀들이 귀여운 아기나 동물 인형만을 좋아한다는 고정관념을 깨고 '숙녀를 본뜬 인형'을 만든다. 기존에 귀엽고 통통한 몸에 아기 옷을 입고 있는 인형에서 탈피해 팔등신의 늘씬한 미녀 인형을 개발한 것이다. 화려한 의상을 갖춰 입고 하이힐을 신고 화장까지 한 영락없는 아가씨의 모습이었다. 코카콜라나 맥도널드와 함께 미국을 대표하는 문화적 코드가 된 바비 인형이 탄생한 역사적인 순간이었다. 그러나 바비를 본 경쟁사들은 '아이에게 어울리지 않는 인형을 어떤 엄마가 사겠느냐'고 비난하며 바비의 가치를 깎아내렸다. 시장조사에서도 많은 부모들이 비정상적인 몸매에 외모지상주의를 부추길 수 있는 바비 인형을 딸아이에게 사주지 않겠다는 결과가 나왔다.

주변의 회의적인 견해에도 불구하고 핸들러 부부가 바비 개발을 고집한 것은 딸 바바라를 비롯한 많은 소녀들이 성인 여성을 동경해 행동을 따라하는 현장을 직접 목격했기 때문이었다.

우여곡절 끝에 바비 인형이 출시되었다. 출시 첫해, 바비 인형은 무려 35만여 개가 팔려나가며 그해 최고 히트 상품으로 등극했다. 바비 인형은 소녀들의 무의식 속에 잠재해 있던 욕구를 깨웠다. 엄마의 화장품을 바르고 언니 구두를 신다가 혼나 본 소녀들은 바비에 열광했다. 바비를 비난하던 경쟁사들이 비슷한 인형을 앞다퉈 제작한 것은 어쩌면 당연한 것이었다.

마텔은 여기에 그치지 않고 바비에게 가족과 친구, 직업뿐만 아니라 남자친구 캔까지 만들어주었다. 각자의 이야기를 가진 바비들이 탄생할 때마다 마텔의 매출도 급증했다. 풍요롭고 세련된 생활양식을 갖춘 바비의 이야기는 중산층에게 특히 많은 호응을 얻었다. 100여 가지가 넘는 다양한 모습으로 재탄생되고 있는 바비 인형은 지금도 1초당 3개

꼴로 팔려 나가며 인형 시장을 선도하고 있다. 숙녀를 꿈꾸는 딸의 마음에서 힌트를 얻어 탄생한 인형이 시대의 아이콘이 되었다.

하이컨셉의 시대

다니엘 핑크는 그의 저서 《새로운 미래가 온다》에서 하이컨셉을 제시했다. 그는 18세기 이후의 산업변화를 농경 시대, 산업화 시대, 정보화 시대, 그리고 하이컨셉의 시대로 구분했다. 그의 주장처럼 지식근로자가 주도하는 정보화 시대는 창의성과 감성적 가치를 중요하게 여기는 하이컨셉의 시대로 빠르게 접어들고 있다.

그렇다면 하이컨셉이란 무엇인가? 패턴과 기회를 감지하고, 예술적 감각과 감성의 아름다움을 창조해내며, 훌륭한 이야기를 창출해내고, 언뜻 관계가 없어 보이는 아이디어를 결합해 뭔가 새로운 것을 창조해내는 능력을 말한다. 가장 비근한 예로 애플의 아이폰을 들 수 있다. 기능면에서 지금까지 출시된 다른 업체들의 스마트폰과 별반 다르지 않음에도 불구하고 아이폰 시리즈가 나올 때마다 세계의 젊은이들이 아이폰을 사기 위해 밤을 새우며 줄 서 기다리는 진풍경을 자아낸다. 이는 소비자의 감성을 자극하는 스티브 잡스Steve Jobs의 창의적 아이디어, 즉 하이컨셉이 제품에 고스란히 녹아 있기 때문에 가능한 것이다.

또 다른 예로 사람들은 나이키의 'Just Do It', 아디다스의 'Impossible is Nothing'이라는 하이컨셉에 매료되어 제품을 구매한다. 이 회사의 제품을 입거나 신으면 뭔가를 이뤄낼 수 있을 것 같은 자신감을 얻기 때문이다. 이렇듯 하이컨셉 시대의 소비자들은 제품의 성능이나 기능보다는 그 제품에 깃든 즐겁고 강렬하며 감동적인 메시지에 주목하고 열광한다.

창의적 아이디어는 재창조의 결과물

자동차 부품으로 만든 인큐베이터에 대해 들어본 적이 있는가? 네오너추어NeoNurture가 그 주인공이다. 1870년대 후반 병아리 부화기에서 영감을 얻어 만들어진 인큐베이터가 100여 년이 지나 자동차 부품을 통해 재탄생한 것이다.

2004년 인도양에 쓰나미가 닥쳤을 때, 국제 구호단체들이 메울라보시市에 8대의 인큐베이터를 기증했다. 아이들의 생명을 살리는 것이 최우선이었기 때문이다. 하지만 4년 후인 2008년, 인도네시아의 높은 습도와 일시적 전류 급증 현상을 견디지 못해 인큐베이터 8대가 모두 고장이 나서 사용할 수 없게 되었다. 게다가 값비싼 인큐베이터는 고장이 났을 때 수리할 전문 기술자조차 없어 제 역할을 못한 채 방치되고 있었다.

이런 이유들로 유럽과 미국의 유아사망률이 1,000명 중 10명꼴인 반면 인큐베이터가 제대로 보급되지 못한 개발도상국에서는 1,000명 중 100명에 달하는 심각한 수준이었다. 인큐베이터 안에서 며칠만 있었더라면 살 수 있는 새 생명들이 시설 부족으로 결국 부모의 품을 떠나게 된 것이다.

안타까운 현실에 가슴 아파하던 MIT의 티모시 프레스테로Timothy Prestero 교수는 개발도상국이나 후진국에서도 사용할 수 있는 저렴하면서도 관리하기 쉬운 인큐베이터를 개발했다. 이는 조나단 로젠 Jonathan Rosen 이라는 의사의 아이디어에서 비롯된 일이었다.

"자동차 부품으로 인큐베이터를 만들면 어떨까요?"

로젠 박사가 이런 제안을 한 까닭은 당시 메울라보시는 작고 낙후된 도시라서 에어컨, 컴퓨터, TV와 같은 가전 제품은 보기 드물었지만 특이하게도 자동차는 상당수 소유하고 있었기 때문이다. 이는 메울라보시보다 더 작은 동네에서도 마찬가지였다. 로젠은 다른 건 몰라도 당시 후진국의 마을들에서도 자동차 부품은 상대적으로 구하기 쉽고, 자동차 수리 기술도 보유하고 있다는 사실에서 새로운 인큐베이터 아이디어를 떠올렸다.

'자동차 부품으로 인큐베이터를 만들면 되겠다!'

그는 이 아이디어를 티모시 프레스테로 교수에게 제안했고 3년 후 네오너추어라는 멋진 인큐베이터 견본품을 만들어냈다. 겉모습은 현대식 인큐베이터와 다를 바 없었지만 자동차 부품들로 만들어진 인큐베이터였다. 계기판의 환풍기가 인큐베이터 안의 공기를 순환시키고, 전조등이 내부에 온기를 공급했다. 경적기는 인큐베이터의 경보음 역할을 했으며 오토바이 배터리는 전원을 공급했다.

네오너추어는 고장이 나도 특별한 기술자나 매뉴얼이 필요하지 않았다. 현지에서 쉽게 부품을 조달할 수 있고 현지 인력이 수리할 수 있어 기존 인큐베이터보다 몇 배나 효율적이었다. 한 의사의 절실한 문제의

식이 창의성으로 발현된 쾌거였다.

　창의적인 아이디어란 완전히 새로운 것을 만드는 것이 아니라 기존의 요소를 재창조하는 것이다. 또한 기술이 창의력을 향상시키기도 하지만, 기술만이 사람들을 놀라게 하는 것은 아니다. 바비 인형을 만드는 데 더 월등한 기술이 필요하지 않았던 것처럼 말이다. 네오너추어는 지천에 널린 자동차 부품으로 새 생명을 구했다. 결국 창의성은 같은 현상이나 기술을 두고도 '어떻게 바라보고', '무엇을 위해 생각하는지'를 되묻고 또 되묻는 가운데 발현된다.

Brilliant Tip　창의성의 비밀

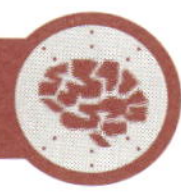

크리에이티브 디렉터 박웅현에게 창의적인 발상법의 비밀이 무엇이냐고 물었다. 그는 '인생 비밀'을 묻는 질문과 같다며 5가지 창의성의 비밀들을 이렇게 요약했다.

1. 창의성은 생각이 아니라 실천
모든 창의성은 '하기'를 통해 세상에 드러난다.

2. 창의성은 새로운 시선 찾기
보되 잘 보고, 듣되 잘 들어라. 창의성은 새로운 시선을 찾아내는 능력이다.

3. 창의성은 상상력
상상력은 진실을 보여주고 진실에 영향을 미친다. 보이지 않는 것을 보는 힘이 창의성이다.

4. 상상력이 곧 창의성은 아니다.
'하기' 전에는 그것이 창의적인지 아닌지 누구도 단정할 수 없다.

5. 창의성은 직관에서 나온다.
정말 좋다고 느껴질 때까지 그만두지 말고 계속 만들어보자.

02

아마존과 픽사의 공통점

제프 베조스^{Jeff Bezos}는 디이쇼^{D.E. Shaw, 월가의 투자회사}에서 고액 연봉을 받고 고급 아파트에서 살고 있는 유능한 직원이었다. 부족할 것 없어 보이던 그는 1990년대 초 거액의 보너스 지급일을 며칠 앞두고 돌연 사표를 내버렸다. 퇴사 이유는 '인터넷'이었다.

베조스는 1년 사이 사람들의 인터넷 활동이 무려 2,300배나 늘었다는 일간지 기사를 보는 순간 비즈니스 기회를 포착했다. 과거 어느 분야에서도 이렇게까지 급속한 변화는 없었기 때문에 베조스는 이 거대한 변화 속에서 신세계가 펼쳐질 것임을 강하게 직감했다. 어떤 새로운 사업모델이 성공할까 고민하던 베조스의 머릿속에 불현듯 '서점'이 떠올랐다. 오프라인 서점에는 절대 다 들여놓을 수 없는 방대한 양의 책을 가상공간에서는 얼마든지 쌓아놓을 수 있었다. 말 그대로 '대형' 매장이 되는 것이다.

베조스는 인터넷서점 아이디어를 디이쇼에 제안했다. 하지만 디이쇼는 당시 너무 생소하고 엉뚱한 이 아이디어를 단칼에 거절했다. 디이쇼는 인터넷서점을 새로운 성장산업으로 꼽은 베조스의 아이디어를 이해할 수도, 이해하려고 노력하지도 않았던 것이다. 베조스는 그 길로 회사를 그만두고 직접 사업에 뛰어들었다. 그 결과 지금의 '아마존'이 탄생했다.

디이쇼가 베조스의 아이디어에 작은 호기심이라도 보였다면, 베조스가 무슨 근거로 인터넷서점 사업을 주장하는지 자료를 제대로 검토해보았더라면, 지금쯤 차세대 온라인 사업의 주역으로 활약하고 있을지 누가 알겠는가.

개방성＝새로운 기회

기술은 빠르게 성장하고 트렌드는 시시각각 달라진다. 아무리 잘 나가는 조직이라도 한정된 시간과 장소, 한정된 범위 안에서만 답을 찾다보면 변화를 주도하기는커녕 어떤 변화가 일어나고 있는지조차 파악하지 못해 도태되고 만다. 이런 위기에 처하지 않으려면 조직 안에서 아이디어들이 자유롭게 오가고, 수용될 수 있도록 소통 방식이 개방적이어야 한다.

기업용 소프트웨어 시장에서 강세를 보이는 SAP는 IBM 독일법인의 직원들이 설립한 회사다. 이들은 회사 내에서 자신들의 아이디어가 받아들여지지 않자, 퇴사해 사업을 시작했으며 시장에서 독보적 위치를 차지했다. 샘 월튼Sam Walton이 유통업에 획기적인 바람을 일으킨 월마트의 경우에도 처음에는 순탄하지 않았다. 40대 중반의 샘 월튼은 원래 벤 프랭클린Ben Franklin이라는 잡화 체인점의 가맹점주였다. 그는 잡화점을 운영하면서 교외에 사는 사람들이 유통비용 때문에 제품을 원래 가격보다 훨씬 비싸게 구매한다는 것을 알게 되었다. 샘 월튼은 벤 프랭클린 본사의 중역에게 찾아가 지방 소도시에 할인점을 열어 저렴한 가격으로 제품을 판매하는 사업 아이디어를 제안했다. 하지만 벤 프랭클린의 경영진은 상식에 벗어난 제안이라며 일언지하에 거절했다. 5만 명 이하의 소도시에서는 가격을 할인할 필요가 없다고 판단했기 때문이다.

몇 번의 제안을 거절당한 샘 월튼은 직접 자신의 아이디어를 실현하기로 마음먹었다. 그리고 1962년 아칸소의 조그만 도시에 첫 할인점 '월마트Walmart'를 창업했다. 하지만 1980년대까지만 해도 당시 미국 최대 유통업체였던 시어스Sears에 대적할 수 없을 정도로 그 성과는 미미했다. 하지만 샘 월튼은 포기하지 않았고 첫 상점을 연 지 30년 만에 42개 주에 1,720개의 매장을 가진 거대 유통업체로 몸집을 키웠다. 심지어 1990년에는 시어스의 매출을 추월해버릴 정도로 성장했다. 자신의 아이디어에 대한 확신으로 월마트를 시작한 샘 월튼은 결국 벤 플랭클린 경영진의 비관적인 예언을 보기 좋게 뒤집은 것이다.

집단 창의를 통해 혁신을 만드는 기업들

기업들은 폐쇄적인 조직의 경우 눈 뜨고도 수많은 기회를 놓쳐버린다는 것을 잘 알고 있다. 그래서 직원들끼리 서로 더 자주 아이디어를 소통할 수 있도록 기회를 마련하고 있다.

애니메이션으로 유명한 픽사^{Pixar}에는 유명한 광장이 하나 있다. 픽사의 본사 건물^{픽사 스튜디오}은 이 광장을 기준으로 좌우의 사무실이 마주보고 있어 마치 인간의 이성과 감성, 좌뇌와 우뇌처럼 좌측은 기술 분야, 우측은 예술과 관련된 분야의 사무실이 배치되어 있다. 또한 양 측면의 경계인 중앙 광장에 회의실, 카페테리아 등의 시설을 배치하여 픽사에서 근무하는 예술가, 기술자, 과학자들이 언제든지 쉽게 만나 자유롭게 교류할 수 있는 공간으로 만들었다. 이 광장은 1999년 당시 픽사 회장으로 있던 스티브 잡스가 건물을 지으면서 가장 심혈을 기울인 공간이다. 중앙 광장에서 좌우 뇌가 소통하듯이 기업의 기술팀과 디자인팀은 자연스럽게 만나게 된다. 공용으로 쓰는 회의실과 휴게실은 물론, 심지어 화장실도 중앙 광장에 배치했기 때문에 사람들은 어쩔 수 없이 사무실을 벗어나 광장으로 모여야 했다. 처음에는 사무실과 멀다는 이유로 직원들 사이에서 볼멘소리가 흘러나왔지만, 머지않아 중앙 광장은 픽사의 핵심 공간이 되었다. 디자인과 기술력이 융화되며 시너지를 내기 시작했고, 스티브 잡스의 의도대로 이곳에서 새로운 작품 아이디어들이 쏟아져 나왔다. 〈토이스토리 2〉, 〈몬스터 주식회사〉 등 애니메이션으로서는 이례적인 성공 기록을 남긴 작품들이 픽사 광장의 힘을 증명했다.

세계 최고의 디자인 회사라 불리는 IDEO 역시 새로운 아이디어에 관대하다. IDEO의 직원들은 제품을 만들어나가는 과정 중에는 아이디어에 대한 분석이나 평가를 보류한다. 혁신적인 아이디어들도 초반에는 매우 투박하고 엉뚱해 보이는 것이 대부분인지라, 일단은 자유롭게 생각들이 떠다니도록 두는 것이다. 그렇게 여러 사람의 설익은 생각들이 연결되고 다듬어지며 설득력 있는 하나의 완전한 아이디어가 탄생하게 된다.

개방성은 비단 조직 내부뿐만 아니라 사회 전반으로 확대되고 있다. 대표적인 예로 링크드인 Linkedin 을 꼽을 수 있다. 링크드인은 'B2B의 SNS'라고 불리는 세계 최대의 비즈니스 소셜 네트워크 서비스다. 2003년 5월에 실리콘밸리의 사업가이자 투자가인 레이드 호프만 Reid Hoffman 이 거실에서 창업했던 초기에는 구직자들을 위한 취업사이트의 형태였다. 하지만 점차 비즈니스 인맥 형성과 정보 교류, 구인·구직 목적을 아우르는 세계 최대 비즈니스 소셜 네트워크로 성장하면서 헤드헌터가 하던 일을 완전히 개방해버렸다.

링크드인은 현재 20개 언어로 서비스되고 있으며, 이용자는 전 세계적으로 약 2억 명이 넘는다. 포춘 Fortune 500대 기업의 CEO 대부분은 링크드인 회원이며, 포춘 100대 기업의 75% 정도가 링크드인을 채용에 적극적으로 활용하고 있다. 기업은 직원을 채용할 때 구인공고를 내지 않고도 링크드인에 접속해 필요한 인력의 이력서를 확인할 수 있다. 심지어 채용 후보자에 대해 귀띔해줄 사람과도 관계를 맺을 수 있다. 과거 헤드헌터들은 후보자 리스트나 이력서, 평판 등 모든 정보를 비공개함으로써 그들의 가치를 높였다. 하지만 기업들은 링크드인을 통해 '전 세계' 사람들을 대상으로 우수한 인재를 채용할 수 있는 기회를 얻게 되었다.

미국에서 열린 한 경영 컨퍼런스에서 사모펀드 운영자가 유튜브

YouTube와 링크드인, 트위터 창업자에게 "어떤 대기업과 독점 계약을 맺고 싶습니까?"라고 물었다. 그들은 사모펀드 운영자의 질문에 의아한 표정을 지으며, "우리 서비스들은 이미 사용자들이 잘 유통시키고 있고, 대기업과 독점 계약할 경우 오히려 유통 규모만 줄어들 텐데 왜 그래야 하죠?"라고 되물었다. 현재 이들 기업이 제공하는 독보적인 서비스를 개발할 수 있었던 원천은 물론, 기업의 생존 근간 자체가 모두 개방성에 있기 때문이다.

혹시 새로운 사업이나 신제품 개발을 앞두고 있는가? 그래서 기획서를 써볼 요량으로 책을 잔뜩 쌓아두고 인터넷을 열심히 검색하고 있다면 잠시 멈추기를 권한다. 커피 한 잔 들고 사람들이 모인 휴게실로 가보거나, 평소 일을 안 해본 팀과 점심을 먹으면서 당신이 뭘 하려고 하는지 살짝 개방해보자. 예상치 못한 좋은 아이디어와 다양한 의견을 접함으로써 기획에 큰 도움을 얻게 될 것이다.

Brilliant Tip   생각의 링크를 확장하려면

1. 섣부른 판단은 금물

페덱스를 만든 프레드릭 스미스(Frederick Smith)는 대학교에 다닐 때 이미 자기 사업을 구상하고 있었다. 전국 각지의 우편물을 멤피스에 집결시켜 다음 날 오전까지 배달하는 아이디어였다. 예일대학 시절 스미스가 이 아이디어를 경제학 리포트로 제출했을 때 C학점을 받았다.

2. 혁신은 협업에서 시작된다. 특히 IT업계는 더 그렇다

최초 온라인 잡지인 피드(FEED)를 창간한 스티브 존슨(Steve Johnson)은 최근

700년 동안 탄생한 200여 개의 뛰어난 혁신을 추적한 결과, 여러 아이디어의 연관성을 찾아내 융합하는 '협업적 혁신(Collaborative Innovation)'만이 위대한 결과를 낳았다고 했다. 자신의 특허와 기술, 아이디어를 무료로 개방하고 연결하는 협업적 혁신은, 기업이 대학이나 경쟁사의 아이디어와 지식을 이용하는 '오픈 이노베이션'보다 한 단계 높은 개념이다.

3. 핵카톤(Hackathon), 해킹하고 달려라

핵카톤은 해킹(Hacking)과 마라톤(Marathon)의 합성어로 서로의 아이디어를 해킹하듯 교환하고 결론이 날 때까지 마라톤을 하듯 멈추지 않는 것을 말한다. 일부러 '핵카톤 데이'를 만들어 그날만큼은 끈질기게 아이디어 하나에 매달려 보는 시간을 만들어도 좋다. 페이스북의 뉴스피드(새소식 전달)나 애플의 아이포토도 핵카톤의 결과물이다.

03
신용카드의 유래

생활의 발견

1949년 뉴욕의 어느 레스토랑에서 중년 사업가 프랭크 맥나마라Frank McNamara는 우아한 저녁 식사를 마쳤다. 레스토랑 매니저에게 요리가 훌륭했다는 칭찬을 하며 주머니에 손을 넣는 순간 그는 지갑을 호텔방에 놓고 나온 것을 알아챘다.

당황한 맥나마라는 얼굴을 붉히며 매니저에게 구구절절 상황을 설명해야 했다. 레스토랑 매니저가 자신을 어떻게 생각할지 걱정도 되고, 주변에 앉은 손님들이 자신만 쳐다보는 것 같아 곤욕스러웠다. 방금 전 먹은 저녁 메뉴들은 아예 기억도 나지 않았다.

그 이후 맥나마라는 다른 사람들 또한 이런 일로 당혹스러워하는 현장을 종종 목격하게 되었다. 이렇듯 현금만 사용하던 시대에는 돈이 든 지갑을 항상 들고 다니지 않으면 낭패를 보기 때문에 불편해도 뚱뚱한 지갑을 들고 다녔고, 귀찮아도 매번 은행에서 현금을 찾아 놓아야 했다.

맥나마라는 자신의 친구 랄프 슈나이더 Ralph Schneider에게 자신의 경험과 그간의 관찰 내용을 이야기해주었다. 두 사람은 현금이 없어도 품위를 잃지 않는 방법을 고민하다가 '신용 Credit'이라는 새로운 지불 개념을 생각해냈다. 1950년 드디어 세계 최초의 신용카드인 '다이너스 Diners 카드'가 탄생했다.

'다이너스'라는 이름은 저녁 식사 Dinner와 회원권 Card을 결합한 것으로, 해석하자면 식당 회원권이다. 신용카드는 밥값이 없을 때를 대비해서 만들어진 것이다. 처음 다이너스 카드 회원은 약 200명이었으며 모두가 맥나마라와 슈나이더의 친구들이었다. 또한 이들의 카드를 받아준 가맹점도 뉴욕 내의 식당 14곳뿐이었다. 하지만 사람들은 점차 다이너스 카드의 편리함을 목격하게 되었다. 맥나마라의 통찰이 틀리지 않았던 것이다. 식당이나 마켓에서 현금이 부족해 당황해하던 경험을 가진 사람들이 회원으로 가입하면서 회원 수는 금세 2만여 명으로 늘어났다.

만일 맥나마라가 지갑을 두고 온 것에 대해 한숨만 쉬고 아무 일도 하지 않았다면, 우리는 여전히 두툼한 지폐 다발을 들고 다닐지도 모른다. 난감했던 경험을 흘려보내지 않고 유심히 관찰한 덕분에 '구매'라는 평범한 행위에 '신용'이라는 혁신을 가져온 것이다.

아이디어는 평범한 일상 속의 관찰에서 시작된다. 친구의 행동, 사소한 실수, 회의 시간에 나온 말, 출근길의 풍경, 휴대전화를 받는 모습 등 특별할 것 없는 일상생활 속에 아이디어의 단초 端初가 숨어 있다.

아마 수없이 많은 사람들이 식당에서 현금이 없어 당황한 경험을 했을 것이다. 하지만 그 불편함을 포착해 신용카드를 만들어낸 것은 맥나마라뿐이었다. 익숙한 것도 새로운 시선으로 바라본 관찰력 덕분이다. 이미 익숙해져서 당연하게 받아들이는 일이나 항상 보던 풍경도 호기심을 가지고 집중해서 관찰해보라. 풀리지 않던 문제의 실마리나 그동안 인지하지 못하고 있던 사람들의 '필요'가 무엇인지 알게 되고 결국 획기적인 혁신이 가능하게 된다.

하지만 관찰을 잘하는 사람보다 관찰하지 못하는 사람이 훨씬 더 많다. 시간과의 싸움에 늘 이겨야 한다는 강박증을 앓고 있는 현대인에게 참을성이란 찾기 어려운 덕목이기 때문이다. 독일의 곤충학자이자 노벨상 수상자인 칼 폰 프리시 Karl von Frisch 는 벌이 추는 춤을 언어로 보고 해독해 성과를 얻었다. 그는 이런 연구 성과를 얻게 된 것은 바로 관찰의 힘에서 비롯된 것이라고 말한다. 그리고 자신의 관찰 능력이란 단지 움직이지 않고 돌 틈에 몇 시간 동안 누운 채로 생물을 끈질기게 주시하는 힘일 뿐이라고 말한다. 그의 말에 따르면 행인들이 무신경하게 못 보고 지나치는 순간, 세계는 참을성 많은 관찰자에게 그 놀라운 모습을 드러낸다고 한다.

어떻게 관찰할 것인가?

세계 최고의 디자인 기업답게 IDEO는 어린아이가 칫솔질하는 모습도 그냥 지나치지 않았다. 기존의 어린이용 칫솔은 아이들의 손 크기에 맞춰 칫솔 머리뿐만 아니라 손잡이 또한 어른 것에 비해 훨씬 작게 만들어졌다. 하지만 칫솔을 사용하는 아이들은 약한 손아귀 힘과 둔한 손놀림 때문에 가느다란 칫솔을 오히려 불편하게 느꼈다. IDEO의 디자이너들이 아이들이 양치하는 모습을 유심히 관찰한 결과 어른들이 손가락으로만 칫솔을 잡는 데 반해 아이들은 손바닥 전체로 칫솔을 쥔다는 차이점을 발견했다. IDEO는 어른용 칫솔보다 어린이들이 쉽게 잡을 수 있는 더 굵은 손잡이 칫솔을 개발했고, 그 결과 IDEO의 오랄비는 대히트를 쳤다.

소비재 시장의 강자 프록터앤드갬블^{이후 P&G}은 실패를 통해 관찰의 힘을 배웠다. P&G는 1980년대 말 멕시코 소비자들을 대상으로 아리엘 울트라 세제를 출시했는데, 이는 기존 제품보다 훨씬 강한 세정력을 가진 제품이었다. P&G는 이 제품이 대히트를 칠 것이라고 확신했다. 멕시코 저소득층은 수납 공간이 좁은 집에 살고 있고, 경제적으로도 어렵기 때문에 적은 양으로도 오래 쓸 수 있는 세제를 선호할 것이라고 판단했기 때문이다. 새로운 세제 출시를 앞두고 P&G는 공장 생산 라인의 대부분을 울트라 세제로 전환하고 대대적인 판촉 활동을 벌였다.

하지만 P&G의 예상은 철저히 빗나갔다. 아리엘 울트라에 대한 멕시코 주부들의 반응은 냉랭했다. 강력한 세정력으로 적은 양만 사용해도 된다는 광고 내용 자체를 믿지 않았기 때문이다. 또 아리엘 울트라 세제는 거품이 거의 없었는데 주부들은 이 점도 좋아하지 않았다. 멕시코 주부들이 땀 냄새는 풍부한 거품에 의해 사라진다고 생각했기 때문이다.

신제품 실패의 쓴맛을 본 P&G는 소비자의 성향을 간과했던 과거를 반성했다. 그들은 ‘소비자 친밀 프로그램Consumer Closeness Program’을 통해 소비자들이 진짜 원하는 것이 무엇인지 알아내고자 했다. 특히 직원들이 저소득층 가족과 며칠간 함께 생활하는 ‘살아보기Living It’ 프로그램은 소비자를 가까운 거리에서 관찰하는 기회가 되었다.

멕시코시티Mexico City는 물이 부족한 곳이다. 시골에 사는 주부들은 여전히 우물이나 공동 수돗가에서 물을 길어 썼고, 식수는 사서 마셔야 했다. 한편 저소득층 가정의 경우 세탁기 보급률이 매우 낮았기 때문에 주부들은 빨래를 하는 데 많은 노동력을 투자해야 했다.

열악한 환경에도 불구하고 멕시코 주부들은 빨래를 게을리하지 않았다. 새 옷을 살 돈은 없어도 깨끗하게 빤 옷을 입히는 것을 주부의 자부심으로 여겼다. 주부들은 빨래를 하는 데 많은 시간을 보냈고 뻣뻣한 옷을 부드럽게 만들기 위해 ‘세탁, 헹굼, 헹굼, 유연제 첨가, 헹굼, 헹굼’의 6단계를 일일이 손으로 해냈다.

P&G 직원들은 저소득층 주부의 손빨래 과정을 관찰하면서 새로운 제품 아이디어를 생각해냈다. 빨래는 주부들에게 매우 중요한 집안일인 동시에 고된 작업이었다. 여러 번 헹굼을 해야 하고, 그 과정에서 필요한 물도 계속 길어 와야 함으로써 이중고를 겪어야 했기 때문이다. 이 고민을 해결해주기 위해 P&G는 연구에 돌입했고, 그 결과 ‘다우니 싱글 린스’라는 제품을 내놓았다. 다우니 싱글 린스는 6단계의 과정을 ‘세탁, 다우니, 헹굼’의 3단계로 줄였다. 게다가 마른 옷을 입을 때면 부드러운 촉감으로 착용감이 좋고, 은은한 향기가 나서 기분까지 좋게

만들었다. 멕시코 주부들이 다우니 싱글 린스에 열광한 것은 당연한 결과였다.

새로운 것을 발견하기 위해서는 주변을 관찰하는 작업이 반드시 수반돼야 한다. 관찰은 대상을 이해하는 기본이며, 관찰을 해야만 개선하고 싶은 불편도 보인다. 그런 의미에서 관찰은 창조의 첫걸음이라 할 수 있다.

"우리는 듣기는 해도 사실 그 의미를 파악하지 못하고, 보기는 해도 사실 그 의미를 인지하지 못하고 지나는 경우가 많이 있습니다."

광고 기획자 박웅현이 한 말이다. 이 말대로 우리는 TV 보듯이 지나치는 평범한 생활 속에서 너무 많은 것을 보지만 사실은 아무 의미도 보지 못하는 것은 아닌지 반성해볼 필요가 있다.

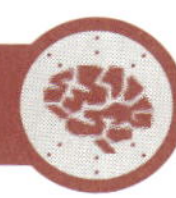

Brilliant Tip 비 오는 날 잘 팔리는 신문

에콰도르의 신문사인 '엑스트라 신문(Extra Newspaper)'은 길거리 신문 가판대에서 잘 팔리는 신문 중 하나인데, 유독 비 오는 날만 되면 판매량이 급감했다. 비 오는 날 사람들은 거추장스럽게 축축한 신문을 들고 다니면서 보고 싶어 하지 않았기 때문이다. '어떻게 하면 비 오는 날 신문을 읽게 할까'를 고민하던 엑스트라 신문은 사람들의 행동을 유심히 관찰했다.

비 오는 날 신문을 구매하는 사람들에게 공통점이 있었다. 그들은 바로 '미처 우산을 준비하지 못한 사람들'이었다. 갑자기 쏟아지는 비에 궁여지책으로 신문이라도 뒤집어쓰고 달려야 했던 것이다.

엑스트라 신문은 비를 맞아도 쉽게 젖지 않도록 겉면에 플라스틱 필름(Plastic Film)을 씌워 방수가 되는 새로운 신문을 발간했다. 이름하여 '우산신문.' 우산 신문이 발간된 이후 엑스트라 신문의 판매량은 전년 동기간 대비 12%나 상승했다.

04
원숭이 엉덩이에서 백두산까지

원숭이 엉덩이는 빨개, 빨가면 사과 사과는 맛있어, 맛있으면 바나나 바나나는 길어, 길으면 기차 기차는 빨라, 빠르면 비행기 비행기는 높아, 높으면 백두산

〈대한의 노래〉, 1931년 동아일보 신춘문예 창가부 당선작

온 동네 아이들이 다 아는 이 노래는 원숭이 엉덩이가 백두산이 되는 신기한 노랫말을 가지고 있다. 원숭이에서 백두산까지 이르는 과정이 다소 억지스럽다고 생각할 수 있지만, 그렇다고 틀렸다고 말할 수도 없다. 디딤돌을 딛듯이 원숭이 엉덩이에서 사과로, 사과에서 바나나로 이어지는 작가의 연상은 노랫말이 되어 80여 년이 지난 지금까지도 아이들에게 신나게 불리고 있다.

연상은 하나의 생각이 또 다른 생각을 떠올리게 만드는 것이다. 관찰이 아이디어의 단초를 발견하게 한다면, 연상은 아이디어의 단초를 '쓸

만한 아이디어'로 확장시키는 것이라고 할 수 있다. 원숭이의 빨간 엉덩이는 잘 익은 사과를 생각나게 하고, 사과는 달콤한 맛 때문에 바나나를 떠올리게 한다. 꼬리에 꼬리를 물고 떠오르는 연상이 원숭이 엉덩이를 백두산으로 확장시키는 것이다.

그런데 연상은 이렇게 형태가 닮은 것들 사이에서만 일어나는 것이 아니다. 서로 전혀 닮지 않은 것들 사이에서도 가능하다. 만약 전혀 닮지 않은 것들 사이에서 닮음을 발견한다면 아무리 사소해도 위대한 발견이 된다.

연상과 위대한 발견

물리학자 아이작 뉴턴 Isac Newton 은 사과가 떨어지는 모습을 보고 우주의 힘을 유추했다. 땅이 사과를 잡아당기는 힘이 있다면 이 힘은 사람에게도 뻗칠 것이고, 하늘 위로 계속 뻗어 나가 결국 달까지도 잡아당길 것이라고 생각을 확장한 것이다. 사과에서 달까지 확장된 뉴턴의 연상은 사람들이 그때까지 알고 있던 지구와 우주의 범위가 미지의 세계로 도약한 계기가 되었다. 뉴턴이 한 것처럼, 드러난 닮음뿐 아니라 드러나지 않은 추상적인 기능 사이의 관계를 유추함으로써 쓸 만한 아이디어를 만드는 것이 연상이다.

의사의 귀와 환자의 몸 사이를 잇는 청진기는 프랑스 내과의사의 연상 작용을 통해 탄생한 발명품이다. 1816년, 내과의사 르네 라에네크 Rene Laennec 는 왕진을 갔다가 난처한 상황에 빠졌다. 뚱뚱한 환자의 두꺼운 지방층 때문에 심장박동 소리가 제대로 들리지 않았던 것이다.

한참을 고민하던 그는 나무토막의 한쪽 끝에 귀를 대고 맞은편 끝을 편으로 긁으면 소리가 아주 또렷하게 들렸던 어릴적 놀이를 기억해냈다. 그는 이것을 응용해 종이 한 묶음을 단단하게 말아 한쪽 끝을 환자의 흉부에, 다른 한쪽 끝에는 자신의 귀를 갖다 댔다. 아니나 다를까, 뚱뚱한 환자의 심장박동 소리는 종이를 타고 또렷하게 르네 라에네크의 귀로 들려왔다. 이렇게 해서 청진기가 발명되었다.

청진기와 종이 묶음은 사실 겉으로 봐서는 형태가 전혀 닮지 않았다. 하지만 그 둘은 모두 '소리를 확장'하는 기능을 가졌다. 나무토막으로 소리를 들어본 경험이 단초가 되어 청진기를 만들게 된 비결은 바로 닮지 않은 무언가에서 닮음을 유추한 데 있다.

병원에는 청진기 외 연상의 힘으로 발명된 의료기기가 더 있다. 바로 외과용 스테이플러다. 외과의사는 환자의 벌어진 상처를 외과용 스테이플러로 봉합하는데, 이는 원시부족들이 '무는 개미'를 이용해 숲에서 긁혀 벌어진 상처를 잡아매는 모습에서 착안했다. 그런가 하면 큰 배가 밑으로 지나갈 수 있도록 위로 열리는 구조의 다리, 즉 도개교는 사람의 눈꺼풀을 보고 연상해낸 것이다. 사람의 눈꺼풀이 아래위로 깜빡이는 것처럼, 일상적인 때는 사람이나 차가 지나다니고 큰 배가 오면 다리가 위로 열려 배가 안전하게 지나갈 수 있다.

비즈니스에서도 서로 간의 닮음을 유추함으로써 탄생한 제품을 찾아볼 수 있다. 양념류를 보관하기 위해 개발된 냉동보관용기 '알알이쏙'이 주인공이다. 요리를 하다 보면 마늘을 미리 다져서 냉동실에 넣어두면 매우 편리하다는 사실을 알게 된다. 그런데 다진 마늘을 잘 펴지 않고 넣어두면 칼로 잘라 써야 하거나, 비닐까지 얼어 음식을 먹다가 뱉어내기도 한다.

제이엠그린JM GREEN은 이 불편함을 해소하는 아이디어를 냉동실의 얼음용기에서 연상해냈다. 양념도 얼음 얼리듯 조각으로 얼리면 좋겠다고 생각한 것이다. 여기까지는 원숭이 엉덩이에서 빨간 사과를 떠올린 것처럼 단순하게 형태의 유사성을 찾은 연상이었다.

그런데 '알알이쏙'을 주목해야 하는 진짜 이유는 말랑말랑한 용기의 소재에 있다. 처음 제이엠그린은 얼음용기 모양의 양념보관통을 생각해냈지만, 막상 제품으로 만들어보니 꽁꽁 언 양념들이 잘 빠지지 않는다는 새로운 문제가 발생했다. 그래서 실리콘을 사용해 비틀어 뺄 수 있는 용기를 만들었다. 하지만 금방 물이 들고 밑이 처져버리는 또 다른 문제에 봉착하게 되었다. 제이엠그린의 이정미 대표의 고민은 깊어졌다. 이때 구세주처럼 이 대표의 눈앞으로 '쭈쭈바'를 먹는 아이들이 지나갔다. 아이들은 달콤한 내용물을 먹으려고 말랑말랑한 쭈쭈바를 야무지게 짜내고 있었다. '말랑말랑하게, 짜 먹을 수 있게' 만들어진 쭈쭈바 포장지를 보면서 곧바로 양념보관통을 연상했다. 그렇게 무독성 폴리에틸렌 소재로 재탄생한 용기는 말랑말랑해서 양념을 짜내기가 한결 쉬워졌다.

뉴턴의 연상	**땅 : 사과 = 지구 : 달**
의사의 연상	**무는 개미 = 스테이플러**
주부의 연상	**쭈쭈바 = 양념통**

숨겨진 닮음을 찾아내는 연상은 이 개념에서 저 개념으로, 아는 것에서 모르는 것으로 생각을 확장하며 새로운 아이디어를 만들어낸다. 미시건대학의 발생학 교수인 캐시 토스니 Kathy Tosney 는 종이접기로 새의 성장을 가르친다. 종이를 가로로 접고 세로로 접기를 여러 차례 거쳐야 최종 모양이 완성되는 것처럼, 새의 배아 역시 같은 과정을 거친다고 설명함으로써 학생들은 배아를 보지 않고도 새의 성장을 유추하고, 또 다른 생물의 배아를 상상해낼 수 있게 된다.

연상의 비결, 훔쳐라

사람들은 원숭이 엉덩이가 백두산이 되는 노래는 쉽게 따라 부르지만, 새로운 아이디어를 연상해내는 데는 어려움을 느낀다. 기능의 닮음, 숨어 있는 닮음을 찾는 것에 익숙하지 않기 때문이다. 보이지 않는 것들끼리 연결하자니 막막한 것이 사실이다. 그런 사람들에게 연상을 잘하는 비결을 말해주자면, 바로 '훔치기'다.

'숨은 닮음을 찾는다'는 것을 뒤집어 말하면, '어떤 것을 훔쳐서 티 나지 않게 잘 숨기는 것'과 같다. 아인슈타인은 '창의성의 비밀은 그 창의성의 원천을 숨기는 방법을 아는 데 있다.'는 말을 남겼다. 스티브 잡스도 자신의 모든 아이디어는 훔쳐온 것이지만, 결코 부끄럽지 않다고 말했다. 태양 아래 새로운 것은 없다는 말을 역사상 가장 뛰어난 천재들이 증명하고 있는 셈이다.

영화감독들은 서로의 영화를 보며 아이디어를 구상하고, 물리학자들은 아이들의 공놀이 모습에서 우주의 원리를 깨닫는다. 대단한 아이디어들도 잘 들여다보면 그 원천은 다른 사람의 아이디어에 대한 관찰과 모방에서 나오는 것이다. 다만 훔쳐온 아이디어의 원천을 자신의 아이디어로 만들기 위한 숙성 과정이 필요하다.

내과의사는 나무토막을 긁었을 때 반대편에서 들리는 선명한 소리의 원리를 청진기 발명에 차용했고, 주부는 아이들이 쭈쭈바를 먹는 모습을 보고 양념용기의 소재를 생각했다. 하지만 아무도 그것을 훔쳤다고 말하지 않는다. 창의성의 원천이 새로운 아이디어 속으로 완전히 녹아들어갔기 때문이다. 베끼는 것과 훔치는 것의 차이는 이것이다.

어린 시절 놀이터에서 기다란 막대기를 보고 스타워즈의 광선검을 떠올리고, 젖은 흙을 뭉쳐 저녁상을 차린 경험이 있다면 당신의 훔치는 능력은 이미 출중하다. 책상 앞에만 앉아 있지 말고 직접 보고 느낀 것에서 무엇을 훔쳐올지 고민할 때다.

Brilliant Tip 은유의 힘

사물과 사물, 현상과 현상 사이의 오묘한 닮음을 찾아내는 것을 '은유(Metaphor)'라고 한다. '은유'의 어원은 다음과 같다.

metaphor(메타포) = meta(초월) + phora(전이)

즉, 메타포는 어떤 개념을 그것이 고유하게 사용되던 곳에서 빼내어 다른 곳으로 자리를 바꿔(meta) 은근슬쩍 옮겨 놓는(phora) 것이다.
통상적으로 은유는 언어적인 영역으로 여기는데 시각적으로도 은유가 이루어진다. 예를 들어 브랜드 인지도를 높이기 위한 지면광고들은 시각적 은유를 활용해 소비자에게 더 직접적으로 브랜드의 장점을 부각시킬 수 있다.

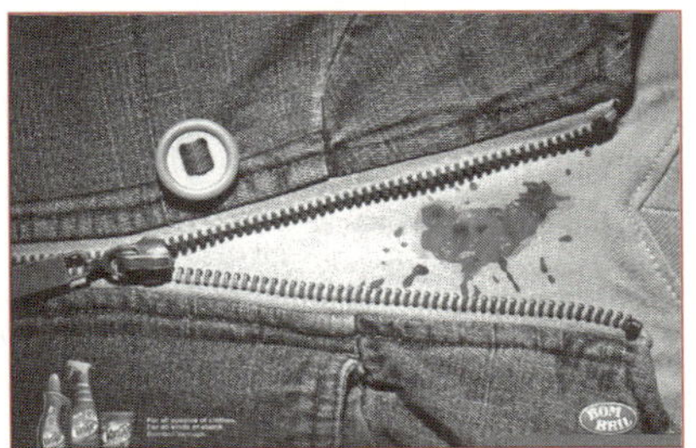

브라질의 세제브랜드 봄브릴 밴티지(Bombril Vantage)의 광고. 열린 지퍼는 마치 악어의 입 같고, 옷의 얼룩은 닭 모양이다. 악어가 한입에 닭을 삼키듯 깔끔하게 얼룩을 지운다는 의미다.

특히 유사성이 높은 경쟁 제품이 많은 경우에는 직설적인 제품 외관 노출이나 제품 설명만으로는 차별성을 발견하기 어렵다. 이럴 때 시각적 은유를 활용하면 소비자들에게 좀더 쉽게 어필할 수 있다.

05
'이상한 놈'들의 반란

김지운 감독의 액션활극 〈좋은 놈, 나쁜 놈, 이상한 놈〉에는 깔깔이 **군용 방한 내피**에 고글, 비행 모자를 쓴 '이상한 놈'이 등장한다. '좋은 놈'과 '나쁜 놈' 사이에서 보물지도를 두고 쫓고 쫓기는 추격전을 벌이는 '이상한 놈'은 어설픈 생김새와 행동으로 애초에 다른 두 '놈'의 상대가 되지 못한다.

도대체 어디서 주워 입었는지 모를 요상한 옷차림을 한 '이상한 놈'은 하는 말마다 듣는 사람을 속 터지게 하고, 하는 행동마다 어설프기 짝이 없다. 도망가다가 다른 두 '놈'에게 잡히기를 수없이 반복하고, 어설픈 탈출계획은 실패하기 일쑤다.

어설픈 '이상한 놈'에게 방심한 것일까, 아니면 '이상한 놈'이 사실은 상당한 실력자였던 것일까? 영화 속에서 제일 빨리 죽을 것 같았던 '이상한 놈'은 절체절명의 순간마다 기지를 발휘해 목숨을 부지하고, 종국에는 지도의 주인이 된다.

이 세상에서 영화 속 '이상한 놈'처럼 평범하지 않은 사람들은 괴짜라 놀림을 받곤 한다. 하지만 그 '이상한 놈'이 손가락질을 딛고 세상을 바꾸기도 한다.

스티브 잡스는 필수 과목 대신 듣고 싶은 과목 수업에만 들어가다 학교를 자퇴했고, 아인슈타인은 어느 학교에 가나 부적응자 소리를 듣다가 결국 학교를 그만두었다. 그러나 주변 사람들에게 이상하다고 손가락질받던 그들의 비범함은 시대의 한 획을 그었다.

이런 발칙한 변기를 봤나!

1917년 프랑스 예술가 마르셀 뒤샹Marcel Duchamp은 동네 철물점에서 변기를 하나 구입했다. 그는 자신의 가명인 '리처드 머트R. Mutt'를 변기에 서명한 후 그해 뉴욕 독립미술가협회전에 출품했다. 작품명은 〈샘 Fountain〉이었다.

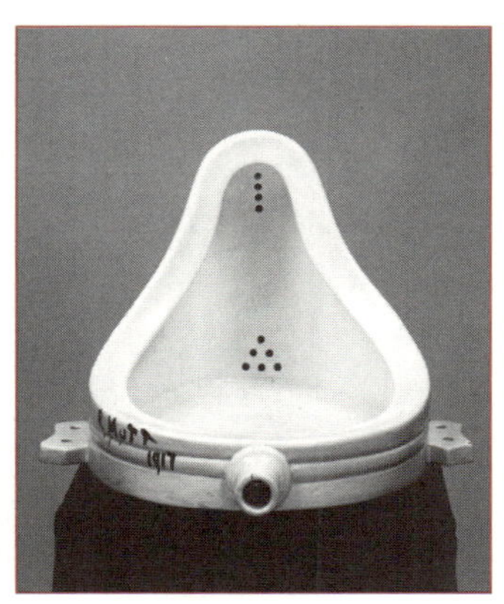

작품명 〈샘〉

이 전시회는 누구든지 6달러만 내면 작품 두 점을 출품할 수 있었는데, 전시위원이기도 한 뒤샹은 전시기획이 그다지 마음에 들지 않자 뉴욕의 공중화장실에서 흔히 볼 수 있는 남성용 소변기를 출품한 것이다.

〈샘〉이 전시되자 심사위원은 물론이고 관람객들까지 '이제 예술은 망했다'며 탄식과 비난의 말들을 내뱉었다. 그리고 곧 철거돼 전시 기간 내내 전시장 칸막이 뒤에 처박혔다.

뒤샹이 모욕하고자 한 것은 권위와 위선으로 가득찬 예술계의 풍토였다. 그리고 그는 무엇보다도 우리가 예술을 대하는 태도에 대해 일침을 가했다. 몇몇 평론가들이 자기들끼리 전통이라는 잣대로 어떤 것을 예술로 부를지 결정짓고, 작품에 등급을 매기는 행위들에 대해 뒤샹은 '한 번쯤 생각해볼 것'을 요구했다. 또한 미술관에 액자를 두르거나 혹은 좌대 위에 올려진 채, 하얀색 벽을 배경으로 놓여 있기만 하면 갑자기 그것을 철석같이 위대한 작품으로 믿고 감상하려 드는 관람자에게도 뒤샹은 묻는다.

그에 대한 대답은 도발적인 뒤샹의 변기가 대신한다.

"나는 좌대에 올려져 있고, 미술관계자들이 주관하는 전시장에 놓여 있으니까. 그리고 무엇보다 유명한 미술가인 뒤샹이 나를 작품이라고 이름 붙이면 예술이 된다."

뒤샹의 의도대로 〈샘〉이 배척당하자 그는 심사위원들 앞으로 편지를 쓰고 그 내용을 친구들과 함께 창간한 잡지 〈장님 **The Blind Man**〉 제1호에 게재했다.

"분명히 어느 예술가라도 6달러를 내면 전람회에 참여할 수 있다. 머트 씨는 〈샘〉을 출품했다. 그런데 아무런 의논도 없이 그의 작품이 사라졌다. 머트 씨의 〈샘〉이 배척당한 이유는 과연 무엇일까."

편지와 기사를 읽은 전시위원들은 자신들의 결백을 알리려는 듯 또 다른 잡지에 〈샘〉의 사진과 함께 다음과 같은 기사를 실었다.

"변기가 부도덕하지 않듯이 머트 씨의 작품 〈샘〉은 부도덕하지 않다. 동네 철물점의 진열장에서 우리가 매일 보는 제품일 뿐이다. 머트 씨가 그것을 직접 만들었는지 아닌지는 중요하지 않다. 그는 그것을 선택했다. 일상의 평범한 사물이 실용적인 특성을 버리고 새로운 목적과 시각에 의해 오브제에 대한 새로운 생각으로 창조된 것이다."

작품 〈샘〉을 질타하던 평단은 돌연 태도를 바꾸어 머트, 아니 뒤샹의 변기에 고귀한 정신과 의미를 부여했다. 천덕꾸러기가 예술이 되는 순간이었다.

심시티의 성공이 말해주는 것

천재 개발자로 불리는 윌 라이트Will Wright는 1960년 미국 조지아주 애틀랜타에서 태어났다. 아홉 살이 되던 해 아버지를 잃고 시골로 내려가 살았는데, 이 때문인지 그는 혼자 있는 것을 좋아하는 내성적인 성격으로 변했다. 조용히 구석에서 책만 읽고 있어 주변에서는 그를 '괴짜' 혹은 '기인'이라 불렀다. 그만큼 윌 라이트는 '이상한 소년'이었다.

그는 유년 시절 몬테소리 학교에 다녔다. 몬테소리 교육은 훗날 그가 게임 '심시티', '심즈', 그리고 '스포어'를 창조하게 한 결정적인 힘이 되었다. 나뭇가지와 생활도구, 갖가지 장난감을 활용한 교육 과정 속에서 그는 자연스럽게 사물의 원리를 탐구하고 발견하는 즐거움을 느꼈기 때문이다.

청년이 된 윌 라이트는 1980년대 초반 '마이크로소프트 플라이트 시뮬레이터'를 경험하게 되는데, 여기서 큰 충격을 받는다. 이 게임은 이름 그대로 비행기 조종을 사실적으로 구현한 시뮬레이터인데, 컴퓨터와 공학에 미쳐 있었던 그에게는 그렇게 흥미진진할 수 없었다. 결국 그는 이 게임에 푹 빠지게 됐고, 동시에 자신의 아이디어를 담을 수 있는 그릇의 정체가 게임이었음을 알게 된다.

그 이후 윌 라이트는 '마이크로소프트 플라이트 시뮬레이터'에서 착안한 첫 게임 '반겔링만의 습격'을 구상했다. 1984년, 윌 라이트의 처녀작인 '반겔링만의 습격'이 완성되었다. 이 게임은 유통업체 브로더번드를 통해 출시되었는데, 미국과 일본에서 무려 75만 장이나 판매되며 히트를 쳤다. 상업적으로도 큰 성공을 거둔 셈이다.

월 라이트 역시 '반겔링만의 습격'을 통해 여러 가능성을 보게 되었다. 장난감, 컴퓨터, 로봇, 기계 등에 미쳐 살았던 자신의 과거가 문득 생각났다. 이런 과정에서의 경험이나 즐거움을 혼자가 아닌 여럿과 공유하고 싶었다. 이미 첫 게임의 성공적인 출시로 자신감을 얻었던 월 라이트는 게임을 활용하면 누구와도 소통이 가능할 것이라 내다봤다. 그에게는 당시 어떤 게임이 유행이고, 또 어떤 문법을 따라야 한다는 것따위는 중요하지 않았다. 그는 그저 자신의 즐거움을 세상과 공유하고 싶었고, 여기에 적합한 게임을 만들면 되겠다는 생각뿐이었다.

이에 대한 첫 번째 아이디어는 '반겔링만의 습격'을 제작할 당시 이미 있었다. 월 라이트는 게임의 배경을 구성하기 위해 직접 헬기를 타고 섬을 돌았는데, 하늘에서 바라본 지상의 전경은 마치 어린 시절 학교에서 가지고 놀던 장난감 같았다. 손으로 만지면 잡힐 것 같은 느낌. 바로 여기서 월 라이트는 '이걸 장난감처럼 가지고 놀 수 없을까?'라는 기발한 상상을 했다.

세상을 바꾼 '심시티'는 바로 이런 독특한 발상에서 시작됐다. 월 라이트가 하늘에서 본 세상은 곧 심시티 아이디어의 기반이 되었다.

당시 게임들은 '파괴', '경쟁'을 기반으로 상대방을 깨부수면 다음 판으로 넘어가는 방식이었다. 월 라이트는 이 공식을 완전히 뒤집어보기로 했다. 파괴와 경쟁이 아닌 '창조'와 '건설'이 기반이 되는 도시설계 게임을 구상한 것이다.

그는 곧바로 게임 개발에 돌입했다. 플레이어가 시장市長이 되어 도시를 발전시킨다는 스토리는 어디에도 없던 새로운 것이었다. 프로토타입을 완성하고 들떠 있던 윌 라이트는 게임 유통사를 찾아가 새 게임을 선보였다. 그런데 이 혁신적인 게임은 유통사 직원들에게 전혀 환영받지 못했다. 직원들은 "도대체 이 게임은 언제 끝나냐?"고 물어봤다. 이기고 지는 것도 없고, 그냥 건물만 내리 짓고 있으니 게임 같지도 않다며 유통사는 난색을 표했다. 그 이후 다른 유통사들을 만났지만 반응은 한결같았다. 어떤 유통사도 그의 게임을 받아주지 않았다. 심지어 "이것도 게임이냐"며 문전박대 당하기 일쑤였다.

이대로 끝날 것 같았던 '심시티'의 운명은 윌 라이트가 맥시스의 공동창업자 제프 브라운Jeff Brown을 만나면서 달라졌다. 뜻이 맞은 두 사람은 5년의 개발기간을 거쳐 심시티를 재정비했다. 결과는 놀라웠다. '심시티'는 게임스컴GamesCom 등 미국의 각종 게임 시상식에서 24개의 상을 휩쓸며 최고의 상품으로 등극했다. 심지어 자연재해, 건물 설계, 주민 복지, 경제적 상황 등 도시 하나를 통째로 경영하는 게임 방식은 교육적 가치를 인정받아 교재로 채택되기도 했다.

심시티가 처음 세상에 나왔을 때는 '이상한 게임'이었다. 당시 각광받는 게임이라면 당연히 있어야 할 화끈한 액션도, 짜릿한 파괴도 없었으니 '이게 뭐야?'라는 반응이 나왔다. 하지만 파괴의 패러다임에서 창조의 패러다임으로 발상을 전환한 심시티는 '혁신'이 되었다. 한마디로 '이상한 놈'이 승리한 것이다.

'모난 돌이 정 맞는다.' 남들과 달리 유별나게 행동하며 두각을 나타
내는 사람들이 남에게 미움을 받게 된다는 말이다. 어쩌면 보편적인
것만 추구하며 손해 보는 것을 꺼리는 뭇사람들의 심리를 반영하는 말
일지도 모른다. 하지만 요즘 세상은 너무나 불확실하다. '모난 돌이 정
맞는다.'보다는 '모난 돌이 성공한다.'라는 표현이 더 자주 통한다. 모난
돌이 되는 것을 두려워할 필요도 없고, 모난 돌이 주변에 있다고 정으
로 때릴 필요도 없다. 바야흐로 모난 돌들이 혁신을 일으키고, 그들의 참
신한 발상이 미래를 밝히는 시대다.

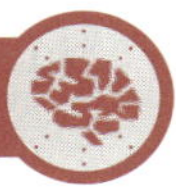

라면 시장에서 돌풍을 일으킨 꼬꼬면은 '라면 국물은 왜 빨개야 해?', '왜 하얀
국물은 안 돼?'라는 삐딱한 질문에서 비롯되었다. 꼬꼬면의 담백하지만 칼칼한
하얀 국물은 기존 시장의 고정관념을 깼기 때문에 히트 상품이 될 수 있었다.
뮤지컬 〈난타〉도 '왜 안 돼?'라는 질문에서 혁신적인 아이디어를 떠올렸다. 왜
공연장에선 항상 휴대전화를 꺼야 하고 음식을 먹을 수도 없는지에 대한 질문
은 '요리사가 음식을 만들고 시끄럽게 두드리는 공연'을 탄생시켰다.

"왜 안 돼?"

너무 당연해서 한 번도 의심하지 않았던 것들에게 '왜 안 돼?'라는 질문을 던
져보자. 고정관념에 대한 도전, 발상의 전환은 '왜 안 돼?'라는 질문에서 출발
한다.

06
5,127번의 실패

브리검영대학Brigham Young University의 피터 메드슨Peter M. Madsen 교수와 콜로라도대학Colorado State University의 비닛 데사이Vinit Desai 교수는 우주왕복선의 사례를 들어 딜레마에 빠진 기업들이 취해야 할 태도를 제시했다.

두 교수는 2003년 발생한 컬럼비아호 폭발 사건을 면밀히 분석했다. 우주왕복선인 컬럼비아호는 발사 후 단열재가 떨어져 나가면서 날개에 작은 흠집이 생겼으나 프로젝트 책임자들은 비행사들의 임무 수행에는 별 영향을 끼치지 않을 것으로 보았다. NASA 또한 단열재 같은 가벼운 물체가 큰 손상을 줄 것이라고 판단하지 않았다. 그러나 지구로 귀환하던 도중에 문제가 발생했다. 고온의 플라즈마가 작은 흠집 사이로 유입되면서 선체가 폭발해버린 것이다. 승무원 전원이 사망했다.

사건 직후 진상조사위원회가 꾸려졌고, 컬럼비아호 사고에 대해 무려 4,000쪽에 달하는 조사보고서가 작성되었다. 보고서에는 단열재와 날개 흠집에 대한 구체적인 대안이 제시되었다. 컬럼비아호는 '선체 폭발'이라는 엄청난 실패를 겪었지만, 다음 우주왕복선 발사 때 개선안을 적극적으로 반영했다. 그 덕분에 2년 뒤인 2005년에 쏘아 올린 디스커버리호는 모든 임무를 무사히 완수하고 귀환했다.

그런데 컬럼비아호가 폭발하기 1년 전, 컬럼비아호의 사건과 아주 유사한 일이 벌어졌다. 우주로 쏘아 올린 아틀란티스호의 단열재가 떨어져 날개에 흠집을 냈으나 다행히도 무사히 귀환했다. 연구진들은 성공의 기쁨에 취해 날개에 난 작은 흠집은 대수롭지 않게 여겼다. 물론 실패에 대한 조사보고서나 개선안도 없었다. 그 후 1년 뒤, 컬럼비아호는 아틀란티스호와 똑같은 원인으로 폭발했다.

세 대의 우주선, 두 번의 사고 수습 태도는 실패를 어떻게 다뤄야 하는지 말해준다. 유사한 사고에 대한 대응책은 완전히 달랐고, 그에 따른 결과도 달랐다. 실패는 그 원인을 알아내기 위한 조사와 더불어 더 깊은 연구를 하도록 만들기 때문에 조직의 학습효과를 높인다. 즉 실패의 원인을 찾는 과정에서 새로운 지식이나 기술이 축적되는 것이다. 반면 너무 쉽게 성공을 맛보는 경우 작은 실패들에 관대해짐으로써 학습할 기회를 만들지 못하게 된다. 이런 이유로 피터 메드슨 교수는 성공보다 실패가 조직 학습에 더 큰 효과를 발휘할 뿐 아니라 큰 실패를 예방할 수 있다고 주장한다.

물론 우주선 하나를 통째로 폭발시키는 것 같은 거대한 실패를 매번 감당할 만한 기업은 없다. 실패를 통해 발전의 교훈을 얻기 위해서는 작은 실패들을 더 빨리 더 많이 저질러봐야 한다. 이것이 실패를 기회로 만드는 가장 빠른 방법이다.

성공은 99%의 실패로 이루어진다

작은 실패들을 무려 5,127번이나 한 기업이 있다. 세계 최초로 사이클론Cyclone 기술을 적용해 먼지 봉투 없는 청소기를 발명한 영국의 기술기업 다이슨Dyson이다. 이 청소기는 주기적으로 먼지 봉투를 비워야 하는 주부들의 성가신 일을 하나 덜어줌으로써 열광적인 지지를 얻었다. 다이슨의 진공청소기는 유럽과 미주에서 판매율 1위를 기록했다. 특히 다이슨은 미국 시장 진출 3년 만인 2002년에 청소기 판매 선두업체로 급부상하며, 100년의 역사를 자랑하는 미국 토종기업 후버Hoover를 제치고 미국에서 가장 많이 팔리는 진공청소기 브랜드가 되었다. 이에 세계 언론은 비틀즈가 40년 전 미국 음악계를 점령한 이후 처음으로 영국 제품이 미국 전역을 정복했다며 극찬했다.

중요한 사실은 이 청소기가 하루아침에 뚝딱 세상 밖으로 나온 물건이 아니라는 것이다. 먼지 봉투 없는 진공청소기를 만들기 위해 다이슨은 5,127개의 시제품을 만들어야 했고, 15년간의 지루한 개발 과정에서 발생한 숱한 오류들을 극복해야 했다. 어디에도 없는 제품을 만들어내기 위한 실패의 반복은 마침내 값진 결과물을 탄생시켰다.

숱한 실패에도 굴하지 않는 끈기와 용기를 보여준 기업은 한국에도 있다. '여명 808'이라는 숙취 해소 음료로 유명한 ㈜그래미다. 무려 807번의 실험을 거쳐 탄생한 이 음료는 이름에 '808'이라는 숫자를 넣었다. 807번의 실패 덕분에 그래미의 '여명808'은 국내뿐 아니라 세계 최초로 특허를 받은 숙취 해소용 천연차가 될 수 있었다. 미국 FDA 공인 연구기관에서도 인체무독성 판정을 받았고, 한국식품연구원에서 제품의 안전성과 우수성을 인정받았다.

숙취 해소 음료들의 범람 속에서 독보적인 위치를 고수하고 있는 여명808은 '끊임없는 실험으로 만들어냈다'는 이야기가 알려지면서 신뢰도 또한 높아졌다.

현재 소위 '잘 나가는' 기업들은 실패를 기회로 만드는 데 누구보다 적극적으로 앞장서고 있다. IDEO, BMW, 3M, 혼다 등 글로벌 혁신 기업들은 일찌감치 '실패상賞'을 시상하거나 '실패파티'를 여는 방식을 통해 오류를 공론화하고 축하하는 문화를 만들기 위해 힘쓰고 있다. 게임회사 넥슨은 개발자들이 게임을 개발하다 실패하더라도 책임을 묻지 않는다. 오히려 실패한 개발자는 바로 다른 프로젝트에 투입되어 재충전의 기회와 더불어 또 다른 아이디어를 축적할 시간을 얻게 된다.

국내외 많은 기업들 중에서도 특히 구글은 투자자들을 위한 IPO설명서에 아예 자사의 오류와 실패를 보고도 놀라지 말라는 문구를 새겨넣었을 정도로 오류와 실수를 장려하는 데 적극적이다.

"우리는 10%의 확률로 10억 달러의 돈을 벌 수 있는 프로젝트에 돈을 투자합니다. 매우 투기적이거나 심지어 이상해 보이는 영역에 우리가 작은 베팅을 하더라도 놀라지 마십시오."

어떻게 이런 뻔뻔한 설명을 자사의 투자자들에게 할 수 있는지 의문스럽지만, 구글에 대한 신뢰가 여전히 유지되는 것을 보면 구글의 '실패를 저지를 의지'는 투자자들에게도 쏠쏠한 재미를 가져다주는 것 같다.

여전히 실패가 두려운가? 사실 누구라도 '실패'라는 말의 의미와 뉘앙스에 익숙해지기란 쉽지 않다. 실패를 어떻게 받아들여야 하는지 피터 메드슨이나 비닛 데사이 같은 교수들이 계속해서 조언하고 있지만, '성공'을 최고의 가치로 믿는 이 사회에서 실패를 마음 놓고 저지르는 것은 여전히 두려운 일이다.

그런데 정작 '실패'라는 것은 우리가 살면서 수만 번을 저질러왔던 것이다. 한 걸음을 걷기 위해 2만 번을 넘어지고, 두발자전거를 타보겠다고 보조바퀴 달린 자전거를 타고 수십 번을 구르고 벽에 박아야 했다. 구구단은 또 어떤가? 옷 입기는? 밥 먹기는? 어린아이가 스스로 뭘 해보겠다고 넘어지고 다치는 것을 두고 어른들이 비난하지 않는다. 자연스러운 수순이기 때문이다.

어떤 일을 처음 시작할 때, 우리는 어린아이와 다를 바 없다. 자연스럽게 실패를 받아들여야 다음 걸음을 뗄 수 있다. '실패는 성공의 어머니다.'라는 이 진부한 격언은 이제 막 걸음마를 배우려는 아이도 알고 있는 말이다. 실패가 두렵다면, 다시 아이의 마음을 되새겨보자.

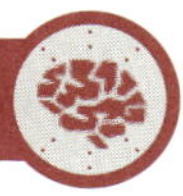

Brilliant Tip 고정 마인드 vs 성장 마인드

스탠퍼드대학의 저명한 심리학자인 캐롤 드웩(Carol Dweck) 박사는 인간의 마

음을 '고정 마인드(fixed mindset)'와 '성장 마인드(growth mindset)'로 구분한다. 고정 마인드를 가진 사람들은 후천적인 노력으로 유전자적 지능(IQ)을 발달시키는 것은 불가능하다고 믿는다. 반면 성장 마인드를 가진 사람들은 필요한 '시간'과 '노력'을 투자하면 무엇이든 개선 가능하다고 믿는다.

드웩 박사는 한 가지 실험을 했다.

우선 수백 명의 초등학교 5학년 학생들을 A, B 두 개의 그룹으로 나누었다.

A그룹의 학생들에게는 지속적으로 "너 참 머리가 좋구나. 너는 참 똑똑하구나."라는 방식으로 칭찬했다. A그룹은 본인들이 원래 똑똑하게 태어났으니 실수를 하는 건 자신의 명예를 실추시키는 것이다, 실패는 인생에 해가 된다는 일종의 '고정 마인드'가 발달하게 되었다.

B그룹의 학생들에게는 지속적으로 "너 참 열심히 하는구나. 노력하는 건 좋은 거야."라는 방식으로 칭찬했다. 이들은 실수를 범해도 열심히 노력하면 격려와 칭찬을 받을 수 있다는 일종의 '성장 마인드'가 발달하게 되었다. 고로 실수나 실패를 하더라도 그것을 수치스럽게 여기는 것이 아니라 배움을 위한 당연한 수업료라고 여겼다.

이런 결과는 시험에서도 똑같이 입증되었다. 머리가 참 좋다는 칭찬을 지속적으로 받은 학생들은 수개월 후에 시험 성적이 20% 정도 떨어졌고, 노력을 많이 한다는 칭찬을 지속적으로 받은 학생들은 수개월 후에 시험 성적이 30% 정도 향상되었다.

중요한 건 실패의 유무가 아니다. 그 실패를 대하는 태도다. 그리고 그것이 실패하는 법이 중요한 이유다. 실패를 모르는 사람이 아니라, 실패를 통해 성장할 수 있는 사람이 더 많은 걸 이뤄낼 수 있다.

<h1 style="text-align:center">07</h1>

잉여생활의 마법

영화 〈세 얼간이〉의 주인공 란초는 수재들만 입학한다는 임페리얼 대학에서 제일가는 얼간이로 꼽힌다. 대학 입학 첫날, 학과장인 바이러스 교수는 학생들을 모아놓고 안주머니에서 펜을 하나 꺼내 높이 들어 올렸다. 바이러스 교수는 그 펜이 우주에서 쓸 수 있도록 특수 개발되었으며, 수백만 달러의 개발 비용이 투자된 아주 특별한 펜임을 강조했다. 마지막으로 신입생 중 가장 우수한 학생으로 거듭난 단 한 명의 학생이 그 펜을 가질 수 있을 것이라고 말했다. 신입생들은 일제히 그 비싸고 대단한 펜을 바라보며 속으로 동기들을 이겨 펜의 주인이 되겠다고 다짐했다.

모두가 꿈에 부풀어 펜을 바라보던 그때였다. 얼간이 란초가 손을 들고 바이러스 교수에게 질문을 던졌다.

"우주에서 펜을 쓸 수 없으면 연필을 쓰면 되지 않나요? 그러면 수백만 달러를 안 써도 되지 않았을까요?"

아무도 생각지 못한 이 질문에 입학식장에는 정적이 흘렀고, 바이러스 교수의 몸은 뻣뻣하게 굳어버렸다.

얼간이 란초의 기행은 여기서 멈추지 않았다. 수업시간에 교수들의 질문에는 항상 엉뚱한 대답을 내놨고, 그 대가로 강의실 밖으로 쫓겨나 있는 시간이 수업을 듣는 시간보다 훨씬 많았다. 란초는 강의실에서 쫓겨난 것에 개의치 않았다. 곧장 집으로 돌아와 냉장고를 분해하거나 헬리콥터 조립을 하는 등 방 안에서 몇 날 며칠을 보냈다. 때로는 듣고 싶은 다른 학년의 수업을 도강하기도 했다.

아이러니하게도 도저히 명문 대학에 어울릴 것 같지 않은 이 얼간이는 모든 시험에서 우수한 성적을 거두었다. 졸업할 때는 최우수 학생으로 선발되어 바이러스 교수가 상품으로 내건 펜의 주인이 되었다. 란초는 남들처럼 빨리 교과서를 외우거나 경쟁 속에서 치열하게 다투는 능력은 없었지만, 하고 싶은 일에 푹 빠져드는 것만큼은 누구보다 잘했다. 란초는 망가진 냉장고, 모형 헬리콥터와 보낸 시간 속에서 자신도 모르게 성장한 것이다.

물리학자 파인만의 놀이

24세의 나이에 박사학위를 따고, 1965년에는 노벨 물리학상을 수상한 리처드 파인만Richard Feynman은 스스로 '잉여'가 되기로 결심한 사람이다. 아주 어린 시절부터 명석한 두뇌로 주목을 받았던 파인만은 주변의 기대감이 늘 부담스러웠다. 사람들의 기대에 부응하며 사는 삶에 질려가던 어느 날, 그는 작정하고 놀면서 자신이 재미있어 하는 일을 하기로 결심했다.

　스스로 천재의 삶에서 벗어나 놀기 시작한 지 채 일주일도 되지 않았을 때였다. 구내식당에서 샌드위치를 먹던 그의 시야에 손가락에 접시를 올리고 빙글빙글 돌리는 한 학생이 들어왔다. 파인만은 그 모습을 유심히 쳐다보다가 자기 연구실에 뛰어들어 가서는 뭔가에 홀린 듯 접시 움직임에 대한 방정식을 연구하기 시작했다. 동료들은 도대체 그런 걸 왜 연구하냐고 핀잔을 줬지만 파인만은 단지 재미 삼아 할 뿐이라고 쿨하게 답했다.

　빙글빙글 돌아가는 접시에서 시작된 파인만의 놀이는 전자의 움직임에 대한 연구로 점차 확장되었고, 놀랍게도 그 결과 '파인만 도표'라는 세기적 과학 성과물이 탄생했다. 그리고 학계에서는 이 도표를 두고 누구보다도 독창적이면서도 이해하기 쉽게 양자역학의 난제를 풀었다고 평가했다.

슬랙을 바라보는 달라진 시선

　란초와 파인만처럼 기행으로 성장한 기업이 있다. 대부분 구글이나 페이스북 같은 글로벌 기업의 이야기일 것이라고 추측하겠지만, 놀랍게도 그 주인공은 한국의 IT기업인 제니퍼소프트다. 이 회사 직원들은 근무시간임에도 회사 지하 수영장에서 여유롭게 수영을 즐긴다. 사무실로 아이를 데려와 옆에 앉혀놓고 일하는 사람도 있고, 20일 넘게 주어진 휴가를 어떻게 쓸지 고민하는 신입사원도 있다. 이렇게 꿈 같은 회사 일과가 TV프로그램에 소개되면서 큰 이슈가 되었다. 이쯤 되면

'빨리빨리'를 외치는 다른 기업과는 180도 다른 경영방침을 내세운 이 회사가 실제로 성과를 내고 있는지 궁금할 것이다. 이래저래 놀기만 하는 것 같은 이 회사의 실적은 현재 'Good'이다. IT 강국이라지만 소프트웨어 분야의 결과물은 부진한 한국 IT 산업의 현실 속에서 제니퍼소프트는 가장 견실한 성과를 내고 있다.

경영학에는 슬랙Slack 이라는 용어가 있다. 원래 열차가 선로의 곡선부를 잘 지나갈 수 있도록 레일 간격을 다른 곳보다 여유 있게 만든 영역을 뜻하는 슬랙은 생산에 필요한 자원을 초과하는 잉여 자원을 의미한다. 즉 필요 이상의 유휴 시설과 비품, 과도한 인력 배치, 생산에 직접적으로 투여되지 않는 직원의 여유 시간 등이 모두 슬랙에 해당되는데, 여태까지는 슬랙을 줄이는 것이 곧 성과를 의미했다. 하지만 수영장을 갖춘 제니퍼소프트, 공짜 점심에 미용실 서비스까지 제공하는 구글, 사옥 내에 레고 놀이터를 만든 NHN과 같은 기업의 성장이 주목받으면서 슬랙이라는 개념도 재고가 필요한 시점이 되었다.

그동안 기업들은 당장의 성과를 위해 '낭비와 비효율 제거'에 집중했다. 특히 일본을 대표하는 자동차 회사 도요타의 생산 시스템에서 선보인 린 경영Lean Management 은 완벽한 효율을 추구하기 위한 생산 방식으로 전 세계의 주목을 받았다.

린은 '군살 없는, 날씬한'이란 뜻으로, 린 경영은 구매에서부터 생산·관리·판매·물류에 이르는 전 과정에서 낭비 요소를 끊임없이 제거해 생산성을 높인다는 개념이다. 즉 어떤 자원도 잉여가 되면 안 되고, 어떤 인력도 두 손을 놀리면 안 되는 것이 린 경영의 핵심이다. 그래서 창고를 차지하고 있는 재고상자, 생산라인 끝에서 제품이 나오기를 기다리고 있는 대기 직원들을 낭비 요인으로 취급한다.

하지만 시대가 변했다. 린 경영으로 20세기 치열한 속도경쟁, 비용경쟁에서 우위를 점했던 일본 기업들의 현실은 어떤가. 린 경영이 본격화된 지 10여 년, 여전히 낭비율 0%에 도전하고 있는 동안 그들의 성공 신화도 동시에 천천히 사라져 갔다. 일본 기업들은 점점 날씬해졌지만, 예상치 못한 일들이 매시각 벌어지는 시장 환경에 대처하는 법을 알지 못했다.

3M의 15%룰과 홀마크의 30%룰

오늘날 경영 서적에서 가장 많이 등장하는 단어는 '불확실성', '복잡성', '예측하기 힘든' 등 변화무쌍한 시장을 대변하는 것들이다. 2008년 금융위기를 겪은 뒤로는 언제 어떻게 닥쳐올지 모르는 위기에 대응하려는 기업들의 움직임이 분주하다.

비즈니스 용어로 예측할 수 없이 갑자기 닥치는 위기를 일컬어 '코코넛 위기 Coconut Crisis'라고 부른다. 이 용어는 열대지방 길가의 코코넛 나무에서 떨어지는 열매에 맞아 행인들이 다치는 사건이 일어난 데서 유래했다. 20m가 넘는 나무에서 2kg의 코코넛이 낙하할 경우 자칫 잘못 맞으면 치명상을 입을 수 있는데, 비즈니스에서 갑자기 발생하는 위기들도 코코넛만큼 예측하기 힘들고 치명적이라는 뜻이다.

조직이론의 거장 퍼로 C. Perrow 교수는 슬랙이 코코넛 위기 시 완충장치가 되어 줄 것이라고 주장한다. 기업이 참사의 위험을 낮추기 위해서는 효율성 만능주의에서 벗어나 설사 약간의 비효율성이 존재하더라도 시스템 구성요소들의 연결을 다소 느슨하게 함으로써 이들 사이에 완충 장치를 마련할 것을 권한다.

'슬랙, 즉 잉여분이 생존을 위한 완충 장치가 된다.'는 그의 주장은 조직을 깊이 통찰한 뒤에 나온 결론이다. 단기적으로는 일본 기업들처럼 낭비 요인을 최소화한 기업이 성과를 낼 수 있다. 하지만 기술의 변화가 급속해지고 소비자들의 취향 변화도 종잡을 수 없는 상황에서, 어느 한곳에 모든 에너지를 쏟아 효율에 중점을 둔다면 변화가 발생했을 때 이를 받아들이고 적응하는 속도 또한 당연히 늦어질 수밖에 없다.

예를 들어 피처폰Feature Phone을 만들던 회사가 대세에 순응하기 위해 모든 생산라인을 스마트폰용으로 바꾸려고 한다면 인력과 자원의 재배치가 필요하다. 이때 조직의 구조, 프로세스, 자원 배치가 흐트러짐 없이 정렬되어 있는 조직, 즉 슬랙이 없는 조직은 최신 스마트폰을 원하는 소비자의 요구에 재빠르게 대응할 수 없다.

그렇다면 적정 수준의 슬랙은 어느 정도일까? 여기에는 다양한 접근이 가능하겠지만 혁신적인 기업 문화로 유명한 3M 사례를 보면 근무 시간의 15%에 해당하는 시간적 여유라고 볼 수 있다. 3M은 공식적으로 직원들이 근무시간 중 약 15%는 자기 업무 외 다른 일에 사용해도 된다고 천명하고 있다. 이것이 유명한 3M의 '15%룰'이다.

이 15%의 자유 시간은 직원들의 창의적 활동을 촉진시켜 결국 신제품 아이디어와 성과 향상에 큰 원동력이 되었다. 직원 각자가 상사의 눈치를 보지 않고 자신의 꿈과 관심 분야에 몰두한 결과 더 좋은 아이디어가 창출되었다. 이 밖에도 홀마크Hallmark는 디자이너들이 업무 시간의 30%를 재충전 시간으로 사용할 수 있도록 제도화함으로써 창의적인 결과물을 얻었다.

창의력이 점차 기업의 경쟁력으로 손꼽히는 요즘, 3M과 홀마크 사례는 혁신을 추구하는 기업에 좋은 본보기가 될 수 있다. 특히 윌리엄 맥나이트William McKnight 전 3M 회장의 경영철학은 귀감이 된다. 그는 아이디어에 대한 보상, 아이디어의 자유로운 공유, 빡빡하지 않고 여유로운 근무 환경, 실수를 용인하는 문화를 도입하기 위해 최선을 다했다. 그의 노력으로 3M은 혁신 기업의 대명사가 됐다.

창의력은 무조건 열심히 한다고 생기는 것이 아니다. 창의력은 잉여 생활에서 나온다. 창조 경제를 위해서라면 조금은 느리게 살 필요가 있다.

Brilliant Tip 조직의 슬랙 활용법

1. 일상의 여유를 포기하지 마라.
지나치게 꽉 짜인 스케줄은 일상적 업무만 반복하게 만든다.

2. '재창조 메이커' 중간관리자의 슬랙을 보장하라.
재창조의 핵심 인력은 중간관리자다. 중간관리자들에게 슬랙이 없다는 것은 회사에 재창조의 기회가 없다는 것과 같은 의미다.

3. 계약에 앞서 슬랙 여부를 체크하라.
계약을 수주하는 입장이라면, 계약서에 반드시 슬랙을 포함시켜야 한다. 기업

들은 대부분 '슬랙 없이 빡빡한 일정'을 약속한 후 이를 지키지 못해 소송에
휘말린다.

다른 사람을 설득하고자 한다면 자기가 먼저 감동하고
자기를 설득하는 것부터 시작해야 할 것이다.
_토머스 에디슨

어떻게
소통할 것인가

01

드록바의 인터뷰

2005년 10월 8일, 다음 해 독일 월드컵을 앞두고 코트디부아르와 수단이 치열한 예선전을 치렀다. 최종 스코어는 3:1로 코트디부아르의 승리였다. TV 앞에 모여 있던 코트디부아르 국민들은 사상 첫 월드컵 본선 진출에 흥분을 감추지 못했다.

하지만 이날은 코트디부아르 국민들에게 다른 의미로 각인되었다. 예선전을 치른 후에 이어진 한 선수의 인터뷰 때문이었다. 열띤 취재 경쟁 속에 코트디부아르 선수들이 기자회견장에 들어섰다. 그중 본선 진출을 이끈 주역인 디디에 드록바Didier Drogba를 향해 기자들은 연신 카메라 셔터를 눌렀다. 하지만 정작 드록바는 복잡한 표정으로 카메라 앞에 무릎을 꿇었다. 지금 막 경기에서 이기고 돌아온 선수의 표정은 분명 아니었다. 입을 연 드록바는 코트디부아르 국민들을 향해 이렇게 말했다.

그의 한 마디로 승리의 기쁨에 젖어 있던 코트디부아르에는 잠시 정적이 흘렀다. 월드컵이라는 축제 분위기에 애써 묻어보려던 전쟁의 아픔이 적나라하게 드러났기 때문이다.

코트디부아르는 2002년 9월부터 내전으로 몸살을 앓고 있었다. 정부군이 남부, 반군이 북부를 장악하여 국토가 둘로 분단되고 사망자는 1천 명이 넘었다. 길가에는 총에 맞아 다리를 잃은 아이들과 이유도 모른 채 죽어가는 사람들이 수두룩했다. 아무도 막을 수 없었던 민족 간의 치열한 싸움은 월드컵 예선이 진행되는 중에도 멈추지 않았다.

드록바의 이 간절한 한 마디는 정부군, 반군, 그리고 어느 편에도 속하지 않은 무고한 시민들에게 큰 울림을 주었다. 기자회견이 끝나고 얼마 후, 전쟁은 거짓말처럼 멈췄다. 2007년 정부와 반군 사이의 평화협정이 체결되었고 5년간 끌어오던 내전이 종결되었다.

한 축구선수의 진심 어린 한 마디는 총과 칼보다 강했다. 서로 싸우고 죽이던 국민들은 드록바의 절절한 호소에 종전으로 응답했다. 이것이 바로 소통의 힘이다.

사회 초년생의 뼈 있는 사직서

사람들은 보통 하루에 평균 2,500번의 소통을 하는데, 이는 깨어 있는 시간의 70%를 할애하고 있는 것이다. 또한 우리는 하루의 대부분을 직장에서 보내고 있기 때문에, 2,500번의 소통이 거의 직장에서 발생한다고 해도 무방하다. 그런데 이렇게 많은 소통이 이루어지고 있는 직장에서, 과연 '제대로 된' 소통을 하고 있는지는 의문이다.

얼마 전, '사회 초년생의 사직서'라는 제목으로 한 편의 글이 방송에 소개되었다. 모 대기업의 1년차 신입사원이 작성한 사직서에는 매일 만나는 회사 사람들과의 소통이 얼마나 어렵고 힘들었는지 여실히 드러난다.

"회사에 들어오고 나서 이해할 수 없는 일들이 참 많았습니다. 술은 왜 그렇게 마시는지, 회식은 누가 좋아서 그렇게 하는 것인지. 왜 야근을 하려고 생각하며 천천히 일을 하는지.

… (중략) …

유연하고 개방적인 문화, 창의와 혁신이 넘치고 수평적이어야 한다고 하면서 왜 회사는 이렇게 변하지 않는 건지. 조직이라 어쩔 수 없을 수도 있습니다. 하지만 그 말은 '최선의 최선'을 다한 이후에야 할 수 있는 말이 아닙니까?"

1년간 회사를 다녔다는 신입사원은 매일 만나는 동료와 상사에게 그동안 하지 못했던 말들을 사직서에 털어놓았다. 세상물정 모르는 어린 사원의 투정이었을 수도 있지만 이 글은 많은 사람들에게 회사의 실태를 되돌아보게 했다.

한 설문조사 결과, 현재의 회식문화에 만족하지 못한다는 대답이 70%에 육박했고, 불필요한 회의를 절반으로 줄여야 한다는 응답도

83%나 됐다. 결국 직장인이면 십중팔구 1년차 신입사원이 앞서 제기한 이슈들에 공감한다는 것이다. 문제점이 있는데도 왜 개선하지 않았냐는 항목에는 '어차피 안 변할 것이기 때문에', '남들도 가만히 있으니까'라는 답변이 주를 이루었다. 이는 소통하지 않는 조직 문화가 점점 불신과 타성에 젖어가는 과정을 극명하게 보여준다.

직원을 춤추게 만든 소통법

소통이 제대로 되지 않는 조직은 혈액이 통하지 않아 뇌졸중에 걸린 환자와 같다. 뇌에 혈액 공급이 제대로 되지 않으면 손발의 마비, 언어 장애, 호흡 곤란 등의 증상이 나타나듯이 조직도 소통이 제대로 되지 않으면 조직 전체가 마비되고 만다. 반면 소통이 잘 되는 조직은 사람과 사람이 자연스레 연결된다. 여기에서 말하는 사람은 내부 직원뿐 아니라 고객도 포함된다. 참고로 고객과 소통이 잘되는 기업은 시장에서 브랜드 위상이 달라진다.

스타벅스에는 스킵레벨 미팅 Skip-Level Meeting, 상사를 배제한 미팅 이라는 제도가 있다. 스킵레벨 미팅은 말 그대로 직급을 건너뛰고 미팅을 진행하는 것으로 위계질서가 강한 우리 기업들이 관심을 가져볼 만하다. CEO는 매장을 방문할 때 매장 매니저를 제외한 직원들과 스킵레벨 미팅을 가진다. 매장 직원들은 매니저가 없으니 의견을 개진할 때 눈치를 보지 않아도 되기 때문에 자신이 평소 일하면서 느낀 점이나 개선점을 CEO에게 가감 없이 터놓고 이야기할 수 있다. 특히 자신의 의견을 경청하고 수렴하는 CEO의 모습을 통해 경영진에 대한 신뢰감이 높아졌으며, 더불어 자신의 아이디어가 현실이 된다는 자부심을 갖게 되었다. 이러한 적극적인 사내 소통방식은 스타벅스가 끊임없이 발전하는 밑거름이 되었다.

매년 일하기 좋은 회사 Top 10 안에 들고 있는 구글의 자랑 역시 원활한 소통이다. 구글러 Googler 들은 "TGIF가 구글 문화의 핵심이다."라고 힘주어 말한다. TGIF는 매주 금요일 오후, 창업자나 최고 경영진이 직원들과 찰리카페에서 이야기를 나누는 행사다. 주제는 사내 문제에서부터 회사가 제공하는 서비스, 제품, 경영 전반까지 다양하다. 구글 직원이면 누구든 카페로 나와 최고 경영진에게 질문을 하고 답을 구할 수 있다. 혹시 우리 기업의 '회장님과의 대화'를 떠올렸다면 잊어주기 바란다. 그렇게 엄숙한 분위기와는 차원이 다르다. TGIF 시간에는 '도리 Dory'라는 사전 질문 시스템이 있다. 사전에 직원들이 작성한 질문을 대상으로 투표하여 TGIF에 올릴 질문을 결정한다. 질문 중에는 '왜 이번에 채용된 CFO는 그렇게 높은 대우를 받느냐'는 민감한 질문도 올라온다. 이런 질문들도 직원들의 표를 많이 받았다면 여지없이 TGIF에 올라가고, 최고 경영진들은 반드시 그에 대답해야 한다.

페이스북은 구글의 TGIF를 바로 응용했으며 이제는 많은 뉴 실리콘 벨리 기업들도 이와 비슷한 방식으로 '직원과 직접적인 대화'를 시도하고 있다. '한창 일해야 할 금요일 오후에 웬 대화냐.'라는 고정관념에 사로잡혔다면 오늘날의 구글은 없었을 것이다.

해충방제 기업 '세스코'의 인터넷 게시판이 화제가 된 적이 있다. 다음은 게시판에 올라온 고객의 질문과 세스코의 답변이다.

- **질문** 세스코 직원은 쥐랑 벌레를 하도 많이 죽여서 지옥에 갈지도 몰라요!
- **답변** 방제라는 이름으로 저질러진 살상도 죄라면 죄라는 점 잘 알고 있습니다. 이에 창립 20주년이던 해에 동국대학교 만해광장에서 '쥐, 바퀴 위령제'를 지냈습니다. 세스코 1,000명 직원이 지옥에 가지 않도록 함께 기도해주시기 바랍니다.

- **질문** 저희 집에 벌레가 한 마리 사는데 '삼수벌레'라고. 대학 한 번 가보겠다고 삼수째인데 이번에도 만족할 만한 결과는 안 나올 것 같네요. 이것도 잡아주나요.
- **답변** 저장식품해충 중 화랑곡나방이 있습니다. 요 녀석은 환경조건(먹이, 온도 등)에 따라 2주에서 300일까지 유충기간 조절이 가능합니다. (중략) 지금은 남들보다 조금 늦을 수 있지만 그 이후에는 동일하거나 더 나을 수 있다는 것을 반드시 기억하시기 바랍니다.

세스코 게시판을 방문한 사람들은 짓궂은 질문이나 황당한 질문부터 학업이나 취업, 연애 등의 고민 상담까지 다양한 글을 남겼다. 세스코는 질문 유형에 따라 때로는 기상천외한 대답으로, 때로는 감동적인 글로, 때로는 전문적인 지식으로 질문에 답했다. 진정으로 고객 입장에서 생각하고, 질문자의 입장에서 하나하나 정성껏 답변을 달며 소통에 나서자 기업으로서는 최초로 고객이 만든 세스코 팬 카페가 개설되었다. 또 고객들이 자발적으로 세스코를 홍보하며 입소문을 내기 시작했다.

02

공감의 힘

미국에서 가장 인기 있는 TV쇼 〈오프라 윈프리 쇼〉의 출연자들은 늘 화제다. '진솔한 대화' 덕분이다.

톰 크루즈가 니콜 키드먼과 이혼하고 얼마 지나지 않아 〈오프라 윈프리 쇼〉에 출연하게 되었다. 오프라 윈프리는 톰 크루즈와 다정하게 인사를 나눈 후 첫 번째 질문을 건넸다.

"니콜과 헤어진 일에 전 세계가 보인 관심에 놀라지 않았나요? 내 말은, 사람들이 마치 자기들 집안일처럼 행동을 했다는 거지요. 사람들은 마치 당신이 자기들 가족 구성원인 것처럼 굴더군요. 당신이 아들이고 니콜이 며느리인 것처럼요. 내 생각엔 너무 많은 사람들이 꿈이든 무엇이든 자기들 생각대로 믿는 것 같아요. 그들은 마치 당신에게 일어난 일이 누구에게나 일어날 수 있는 일인 것처럼 쉽게 떠들더군요."

톰 크루즈는 자신의 심경을 오프라 윈프리 앞에서 솔직하게 털어놓았다.

전 국민이 지켜보는 카메라 앞이었지만 톰 크루즈는 방송 내내 편안한 표정으로 오프라 윈프리와 대화를 나눴다.

어렵고 민감한 얘기임에도 그가 솔직할 수 있었던 것은 오프라가 던지는 질문의 힘 덕분이었다. 오프라는 절대 "왜 니콜과 헤어지게 되었나요?"라고 묻지 않았다. 오프라의 쇼에 게스트로 출연하기 전까지 톰 크루즈는 전 세계 언론과 파파라치들에게 똑같은 질문으로 시달리고 있었다. 왜 이혼했는지, 누구의 잘못이 더 큰지 물어보는 기자들의 가시 같은 질문에 톰 크루즈는 이미 마음을 단단히 닫아버렸다.

하지만 오프라의 질문은 다른 기자들의 질문과 확연히 달랐다. 지나친 관심과 무례한 질문에 지쳐 있던 톰의 마음을 이해했고, 공감을 가지고 다가섰다. 그리고 쇼에서 던질 질문들이 톰을 비난하거나 비평하기 위해서가 아니라 그를 더 많이 이해하기 위한 질문임을 일깨워주었다. 자신도 톰의 감정을 똑같이 느끼고 있으며, 더 많은 감정을 공유하고 싶다고 손을 내민 것이다. 이렇듯 상대방과 나 사이에 공감대가 형성되기만 하면 대화의 절반은 완성된 것이나 다름없다.

대화의 물꼬를 트는 공감의 힘

2004년, 버락 오바마는 당시 한 명의 무명 인사에 지나지 않았다. 당대표가 된 오바마를 두고 사람들은 "도대체 저 사람이 누구야? 누군데 대표가 된 거지?"라고 수군거렸다. 당내의 신출내기였던 오바마에 대한 국민들의 의구심은 쉽게 가라앉지 않았다.

긴장된 표정으로 연단에 오른 오바마는 당 지지자들 앞에서 연설을 시작했다.

"오늘 밤은 제게 매우 특별합니다. 솔직히 제가 이 자리에 설 수 있는 가능성은 매우 낮기 때문이죠. 저의 아버지는 케냐의 조그마한 마을에서 태어나고 거기서 자란 유학생이었으며, 외할아버지는 캔자스주 남부 출신으로 제2차 세계대전에 참전했습니다."

자신의 아버지가 케냐의 조그마한 마을에서 태어났다고 말하는 순간, 청중들의 표정에는 경계심이 점차 사라졌다. 어디선가 불쑥 나타난 젊은 흑인 또한 그들과 별반 다르지 않은 평범한 사람이라는 동질감을 느꼈기 때문이다. 이어서 그의 외할아버지는 캔자스주 남부 출신으로 제2차 세계대전에 참전했다고 말하자, 청중과 오바마는 어느덧 같은 정체성을 지닌 공동체가 되었다. 청중들의 눈빛이 바뀌면서 연설하는 오바마의 목소리에는 이전보다 훨씬 힘이 실렸다. 이윽고 그의 연설이 끝나자 청중석에서는 환호와 박수가 터져 나왔다. 그는 단 한 번의 연설로 자신에 대한 모든 의심 어린 눈빛을 거두었다.

버락 오바마가 자신에게 쏟아지던 청중의 의심과 경계심을 풀게 만든 결정적 열쇠는 공감의 힘이다. 나와 당신이 결코 다르지 않다는 메시지를 전달함으로써 감성의 교류를 이끌어내자 청중들은 마음을 열고 오바마의 이야기에 귀를 기울였던 것이다.

일본 스타 작곡가의 몰락

마음을 굳게 닫은 사람의 마음을 열어 스스로 이야기를 털어놓게 만들려면, 의심 많은 상대가 공감하고 진심으로 박수를 치게 만들려면 공감이 필수다. 이때 신뢰가 기반으로 깔려 있어야 한다. '저 사람은 지금 진심으로 나를 이해하고 있다.', '저 말은 거짓말이 아니다.'라는 신뢰가 있어야만 공감대 형성이 가능하다. 반대로 말해 신뢰가 깨지면 경계심이 커지면서 공감대 또한 순식간에 무너지고 만다.

일본에서 '21세기 베토벤'이라 불렸던 클래식 작곡가 사무라고치 마모루佐村河内守는 2008년 히로시마 원폭 피해의 아픔을 담은 '교향곡 제1번 히로시마'를 발표하며 일약 스타 작곡가로 발돋움했다. 클래식에서는 드물게 10만 장 이상의 CD 판매량을 올리기도 했다. 사무라고치가 일본인의 마음을 움직였던 가장 큰 이유는 그가 베토벤처럼 청력을 잃은 음악가였다는 사연이 알려져서였다. 사무라고치는 자신이 35세에 청력을 잃고 나서도 절대 음감과 진동만으로 곡을 만들었다고 말했다.

이런 아픔을 극복하고 선사한 그의 멋진 연주곡 '교향곡 제1번 히로시마'는 일본인의 아픈 마음을 어루만지기에 최적이었다.

그런데 어느 날, 사무라고치는 18년간 숨겨왔던 비밀 즉, 지금까지 '대리 작곡가'를 고용했다고 고백했다. 청력을 잃은 천재 작곡가에서 한낱 사기꾼으로 전락해버리는 순간이었다. 또 그는 1996년부터 2014년까지 18년간 발표해온 작품들이 악곡의 구성과 이미지만 자신이 제안하고 나머지는 다른 사람이 작곡했다고 밝혔다.

일본은 말 그대로 충격에 빠졌다. 일본인들은 깊은 공감대를 형성하며 가장 힘든 시기를 위로하던 음악이 사기극이었다는 사실에 형용할 수 없는 배신감을 느꼈다. 지금까지도 일본인들은 그를 용서하지 못하고 있다.

이는 비단 개인에 국한되는 것이 아니다. 기업의 경우 고객의 신뢰를 잃으면 브랜드 가치에 치명적 손실을 입는다. '브랜드'란 기업이 고객들에게 제공하기로 약속한 가치들을 총칭하는 것으로, 이 가치들을 얼마나 진정성을 가지고 실천하느냐에 따라 고객들은 해당 브랜드에 공감하기도 하고 외면하기도 한다. 그러므로 처음에 브랜드가 약속한 것이 있다면 변함없이 그것들을 지켜나가는 것이 중요하다.

일본 유통업체인 OK스토어는 소비자들에게 '매일매일 싼 가격Everyday Low Price'이라는 약속을 내걸었다. 같은 품목이지만 인근 매장보다 가격이 비쌀 경우 OK스토어는 그 자리에서 가격을 내리는 조치를 취함으로써 약속을 지킨다. 또 모든 진열 상품에는 '어니스트 카드'를 붙여놓는데, 예를 들어 여기에는 '9월 1일부터 가격이 인하되오니, 급하지 않으시면 그 이후에 구입하시는 것이 유리합니다.'와 같은 문구가 쓰여 있다. 당장 물건을 팔아 치우는 데 급급하기보다 '매일매일 싼 가격'이라는 브랜드 약속을 충실히 실천하기 위한 노력의 일환이다. 이런 원칙이 소비자들에게 통한 결과 OK스토어는 특별한 홍보 비용이나 마케팅 비용을 들이지 않고도 일본에서 가장 인기 있는 슈퍼마켓이 되었다.

Brilliant Tip 거울뉴런과 공감본능

1996년 이탈리아의 저명한 신경심리학자인 자코모 리졸라티(Giacomo Rizzolatti) 교수는 재미있는 연구결과를 발표했다. 일명 '원숭이 공감 실험'으로 원숭이에게 다양한 동작을 따라하도록 시키면서, 행동을 따라할 때 원숭이의 뇌가 어떻게 반응하는가를 관찰했다.

사람이 혀를 내밀자 이윽고 원숭이도 혀를 날름 내밀어 따라하는 것을 확인했다. 또 원숭이는 다른 원숭이의 손에 있는 땅콩을 보는 것만으로도 마치 자기 손에 땅콩이 있는 것으로 착각하여 행동했다. 이렇듯 원숭이는 다른 원숭이나 주위 사람들의 행동을 보는 것만으로도 자신이 움직이는 것처럼 반응했다.

원숭이들에게만 이런 반응이 일어날까? 인간도 마찬가지다. 누군가가 춤을 추면 저절로 따라 추고 노래를 부르면 따라 부르는 등 보는 이가 먼저 행동한 사람을 따라하게 된다. 이렇듯 누군가의 행동과 기분을 보고 자신의 머릿속에 거울처럼 반영되어 따라하게 되는 것은 바로 '거울뉴런(Mirror Neuron)' 때문이다.

거울뉴런은 인간의 공감능력을 담당하는 신경세포로 알려져 '공감뉴런'이라는 별칭을 갖고 있다. 즉 상대방의 표정이나 몸짓, 그리고 그 상황에서 얻은 정보를 부호화하여 즉각적으로 상대방 의도를 읽어낼 수 있다.

또 거울뉴런은 상대방을 설득하는 데 도움을 준다. 판매원이 고객들에게 제품을 설명하면서 고개를 자주 숙이는 행위나, 연설할 때 자연스럽게 겉옷 상의 단추를 풀거나 안경을 고쳐 쓰는 행동들은 상대방에게 편안함을 유도하여 쉽게 공감을 이끌어낸다.

마지막으로 거울뉴런은 조직 성과에도 영향을 준다. 가장 성과가 좋은 집단의 리더는 다른 집단의 리더보다 부하들을 평균 3배 정도 더 자주 웃게 만든다. 잘 웃고 분위기를 즐겁게 만드는 리더와 일하는 직원들은 자연스럽게 웃고 즐겁게 일하게 된다는 의미다.

03

말보다 빠른 보디랭귀지

영화 〈늑대소년〉은 표정과 몸짓만으로 얼마나 많은 대화가 가능한지 보여준다. 폐병에 걸려 학업을 중단하고 한적한 시골마을로 내려와 살게 된 소녀의 가족은 창고에서 한 더러운 남자아이를 발견한다. 체온은 46도에 혈액형은 판독할 수도 없는 이 기이한 생명체는 마치 늑대처럼 강렬한 눈빛을 가지고 있다.

늑대소년은 말을 전혀 할 줄 몰랐다. 사람과의 소통은 처음인 것처럼 소녀가 말할 때마다 입을 뚫어져라 쳐다볼 뿐 대답은 한 마디도 하지 않았다. 하지만 늑대소년과 소녀는 곧 친구가 되었다. 비록 말은 통하지 않았지만 표정과 몸짓만으로도 많은 대화를 나눌 수 있었기 때문이다.

소년은 본능적으로 소녀의 표정을 읽었다. 들판에서 뛰어놀 때의 소녀는 한없이 즐거운 눈빛을 보였고, 몸이 아프기라도 한 날에는 고통스러운 표정으로 소년의 마음을 아프게 했다. 소녀 역시 늑대소년의 눈빛과 표정만 보고도 소년의 기분이 어떤지 알 수 있었다.

어느 날, 호시탐탐 소녀에게 치근대던 동네 불량배가 또다시 그녀에게 접근했다. 불량배는 소녀 주변을 어슬렁거리는 늑대소년을 무섭게 노려보며 몽둥이를 휘둘렀다. 불량배의 의도를 정확히 이해하지는 못했지만, 늑대소년은 그 불량배의 눈빛을 보고 뭔가 나쁜 짓을 꾀한다는 것을 알 수 있었다.

불량배가 소녀에게 다가가는 순간, 늑대소년은 불량배에게 달려들어 단숨에 제압했다. 불량배의 한 마디 말보다 찰나의 눈빛이 더 빨리 그의 본심을 드러낸 것이다.

말 못하는 늑대소년뿐만 아니라 우리도 대화하면서 상대방의 눈빛, 표정, 몸짓 등을 통해 말보다 더 빠르고 정확한 정보를 얻어내기도 한다.

얼굴에 답이 있다

사람의 얼굴에는 22개의 근육이 있다. 이는 지구상 어떤 동물보다도 많은 수다. 우리는 22개의 근육으로 6,000~1만 개 정도의 다양한 표정을 지을 수 있다. 슬프다, 기쁘다, 고통스럽다, 호의적이다, 웃프다 등 감정을 표현하는 우리말 중 흔히 쓰는 말이 430여 개라고 하니 언어보다 표정으로 훨씬 더 많은 표현이 가능한 셈이다.

실제로 사람들은 일상 속에서 표정만으로 많은 대화를 한다. 출근하는 상사의 표정만 보고 그날 하루를 예상하고, 고객과의 미팅에서는 작은 눈썹 움직임으로 분위기를 파악할 수 있다.

사람의 표정을 읽는 데 선수인 사람들이 있다. 바로 헤어디자이너다.

서울의 한 유명 프랜차이즈 미용실에서 근무하는 김 씨는 단골고객이 많기로 소문난 5년차 베테랑 헤어디자이너다. 그녀는 머리를 손질하는 와중에도 연신 손님에게 말을 걸거나 표정을 살피느라 분주하다. 수다스럽고 자신이 원하는 스타일을 적극적으로 말하는 손님이 있는가 하면, '예쁘게 해주세요.'라는 애매한 말만 던지고 자리에 앉는 손님도 있는데 후자의 경우 더욱 세심하게 표정을 살핀다고 한다.

한 남자 손님이 미용실에 들어왔다.

"어떤 스타일로 자르고 싶으세요?"

"그냥 깔끔하게 해주세요."

너무 간단하지만 가장 어려운 주문을 받은 김 씨는 베테랑답게 곧장 가위질을 시작했다. 10여 분이 흐르자 휴대전화 화면만 쳐다보던 손님이 슬쩍 고개를 들어 거울을 쳐다보았다. 김 씨는 거울에 스친 남자 손님의 난감한 표정을 순간적으로 읽어냈다.

"스타일이 많이 달라졌죠? 얼굴형이 둥글어서 옆머리를 좀 짧게 하고, 윗부분은 볼륨을 줬어요. 요즘 유행하는 스타일인데 손님이 잘 소화하시네요."

그제야 남자 손님은 안도하는 표정을 지어보였다. 김 씨는 자신의 원래 모습과 많이 달라져 당황해하는 손님의 감정을 표정을 통해 바로 읽어냈다. 그 손님은 한마디도 하지 않았지만 자신의 감정과 의사를 얼굴에 드러냈다. 22개의 근육이 말보다 빨리 움직인 것이다.

비언어 의사소통 전문가 폴 에크만Paul Ekman이 쓴《얼굴의 심리학》에는 표정에 대한 실험 사례가 많이 소개되고 있다. 이 책에 영화도 TV

도 잡지도 보지 않고 외부인과의 접촉도 거의 없는, 시각적으로 완전히 고립된 파푸아뉴기니의 포레족을 대상으로 한 특별한 실험이 나온다. 폴 에크만은 포레족에게 사진을 보여주며 "지금 어떤 일이 벌어지는지, 이 사람이 이런 표정을 짓기 전에 무슨 일이 벌어졌는지, 다음에는 무슨 일이 벌어질지 말해보세요."라고 질문했다. 대학생들에게도 동일한 사진을 보여주며 똑같이 질문했다.

실험 결과는 어땠을까? 놀랍게도 포레족과 대학생의 대답은 일치했다. 서로 다른 문화권에 살아도 표정을 읽어내는 방식은 같았던 것이다. 해외여행을 가서 그 나라의 말을 할 줄 몰라도 의사소통이 가능한 것은 이렇듯 문화를 초월한 공통된 표정 덕분이다.

몸짓에 담긴 의미

몸짓도 표정만큼이나 많은 정보를 가지고 있다. 아침 회의 시간, 회의실에 모인 직원들의 모습을 보면 누가 상급자이고 누가 지루해하는지 금방 눈치챌 수 있다.

대개 다른 사람들을 둘러보며 큰소리로 말하는 사람이 상급자다. 또 말하는 도중 손을 자주 사용하는 것은 상대방의 행동을 이끌어내기 위함이며, 손을 가지런히 모으고 말하는 사람을 쳐다보는 행위는 '당신의 말이 맞아요.'라는 신호를 보내는 것이다.

우리가 취하는 어떤 동작도 무의미하지 않다. 전 세계 모든 사람들이 공통적으로 하는 팔짱을 끼는 행위는 낯선 환경에서 자기 자신을 보호하려는 의도다. 어린 시절 엄마가 자신을 안아준 것처럼 자기 자신을 꼭 끌어안는 것이다. 치매 증상으로 길을 잃은 할머니가 연신 손가락에 낀 반지를 만진다면, '저 좀 도와주세요.'라고 말하는 것이다. 반지는 특별한 날 자신을 위해 선물하거나 사랑하는 주변 사람으로부터 선물받은 경우가 대부분이다. 할머니가 반지를 만지는 행위는 어딘가에 나를 사랑하고 보호해줄 사람이 있으니 찾아달라는 구조 요청이라고 볼 수 있다.

몸짓 언어 읽는 법

1. 눈은 거짓말하지 않는다.

평균적으로 사람은 1분당 7~12회 정도 눈을 깜빡인다. 만일 상대방이 거짓말을 하고 있다면, 1분당 12~24회까지 눈 깜빡임 속도가 늘어난다. 상대방과 눈을 맞추는 시간이 길어질수록 감정적 자극도 더욱 커진다. 너무 잦은 눈맞춤은 상대를 통제하거나 위협하려는 욕구를, 너무 적은 눈맞춤은 수줍음이나 두려움을 의미한다.

2. 앉은 자세는 긴장도를 말해준다.

의자나 책상 위에 걸터앉는 것은 상대와 경쟁 관계에 있거나 의견이 일치하지 않는다는 의미다. 긴장이 풀린 사람은 편안한 마음으로 의자에 다리를 올리고 앉거나 뒤로 기대 앉는다.

3. 코 만지는 사람을 주의하라.

손으로 코를 만지거나 문지르는 것은 거짓말을 숨기려는 의도다. 실제로 1998년, 미국의 클린턴 대통령은 백악관 직원이었던 르윈스키와의 성추문 혐의를 부정하면서 4분마다 1번 꼴로 코를 만졌다. 그 이후 밝혀진 사실에 의하면 클린턴은 코를 만질 때마다 거짓말을 했다고 한다.

Brilliant Tip   표정을 판독하는 기계가 있을까?

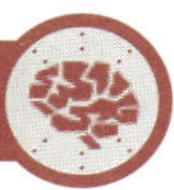

기업 입장에서 매번 고객의 속마음을 떠볼 수 없는 탓에 고객의 만족도와 재방문·재구매 의사를 예측하기란 사실상 어려웠다. 하지만 안면인식기술의 발달로 고객의 기분이 어떤지 파악해 적절한 할인이나 다양한 혜택을 제공하는 것이 가능해졌다. 2013년 러시아에서 개발한 Simplate는 계산대에 설치된 태블릿을 이용하여 고객의 표정을 파악한다. 이 태블릿은 가까이 접근한 고객의 얼굴을 자동 스캔하고 안면인식을 통해 고객의 현재 감정 상태를 분석한다. 그리고 동시에 해당 고객의 DB와 연결되어 개인정보에서부터 과거 구매 내역, 방문 기록 등을 분석해 즉각적으로 고객의 감정에 맞는 할인 혜택이나 추천 상품을 제안한다. 아직은 시작 단계에 불과하나 만약 고객 안면인식기술이 정확한 정보를 잡아낼 수 있다면, DM발송이나 쿠폰발송 등 무작위적이거나 일괄적인 혜택보다 더 큰 효과를 볼 수 있다.

그러나 자신의 감정이 시시각각 읽히고 있다는 점에서 고객의 불쾌감을 어떻게 해결할 수 있을지에 대한 숙제 또한 남아 있다. 이를 현명하게 풀지 못한다면 Simplate는 역풍을 맞을지도 있다.

04
판단 중지

손석희 앵커는 국민들의 두터운 신뢰를 받는 언론인 중 한 명이다. 그는 MBC 라디오 시사프로그램 〈시선집중〉을 통해 특히 많은 사랑을 받았다. 매일 이른 아침 생방송으로 진행되는 〈시선집중〉의 강점은 통쾌한 인터뷰다. 손석희 앵커는 어떤 사건, 어떤 인물을 다루더라도 평정심을 잃지 않으면서 날카로운 질문을 던지는 진행으로 큰 호응을 얻었다.

손석희 앵커는 2000년부터 13년 동안 4,000명 이상을 인터뷰했다. 유명 정치인부터 911생존자, 외국 유명 배우, 대한민국 역대 대통령까지 그 대상도 다양했다. 그는 "인터뷰어들이 무슨 말을 할지 전혀 알지 못하는 상황에서 생방송으로 프로그램을 진행해야 하기 때문에 신경이 많이 쓰인다."며 인터뷰의 어려움을 토로하기도 했다.

그러면서 그는 좋은 인터뷰를 하려면 순발력보다 집중력이 더 중요하다고 전했다. 좋은 인터뷰를 이끌기 위해서는 좋은 질문을 던져야 하고, 좋은 질문을 하려면 대화 상황에 집중하며 상대방의 말을 경청해야 한다는 것이다. 〈시선집중〉에서 보여준 '좋은 질문' 덕분에 손석희 앵커는 '질문 저널리즘'을 행하는 언론인이라는 평가를 받기도 했다. 이에 대해 그는 "질문은 곧 듣는 것"이라며 '듣는 저널리즘'을 한층 강조했다. 상대방의 말을 차분히 경청하면서 청취자가 느끼는 궁금증을 단도직입적으로 질문하는 손석희 방식의 저널리즘은 방송사를 옮긴 후에도 여전하다. 이것이 그가 꾸준히 시청자들의 신뢰를 받는 이유이다.

불통으로 일어난 참패

누구에게나 경청의 자세가 필요하지만 특히 리더에게 경청하는 자세는 미덕을 넘어 필수다. 리더가 경청하지 않으면 조직 전체의 힘이 무너진다.

2014년 브라질 월드컵 대표팀을 맡은 홍명보 감독이 보여준 불통의 리더십은 국민들을 안타깝게 했다. 한국 축구가 21세기 들어 월드컵 본선에서 1승도 거두지 못한 월드컵이라는 오명은 '한국형 축구'를 부르짖던 홍명보 감독의 말을 무색하게 만들었다.

축구협회 기술위원들조차 최종 엔트리 발표 직전까지 정확한 선수 명단을 몰랐을 정도로 국가대표 선발의 전권을 가졌던 홍명보 감독은 '현장에서 최선을 다한 선수들에게 기회를 준다.'는 선수 등용 원칙을 공표했다. 하지만 최종 선수 명단에는 의아하게도 K리그에서 맹활약했던 선수들은 빠져 있었고, 아스널에서 10분도 뛰지 못했던 박주영 선수가 대표팀에 발탁되었다. 홍명보 감독 스스가 원칙을 깬 것이 아니냐는 논란이 있었지만, 감독의 권한으로 그대로 월드컵은 진행되었다.

러시아와의 조별리그 첫 경기에서 박주영 선수는 별다른 활약을 보여주지 못했다. 전문가들과 축구팬들이 첫 경기를 분석하고, 선수 선발의 문제점을 지적했다. 하지만 홍명보 감독은 알제리와의 두 번째 경기 역시 러시아전과 똑같은 선수에 똑같은 포메이션을 선택했고 그 결과 알제리에 대패하고 말았다.

연이은 부진으로 홍명보 감독은 여론의 집중 포화를 받게 되었다. 결국 세 번째 경기가 되어서야 선수 선발 전략을 바꾸었지만 경기 막바지에 홍명보 감독은 잘 뛰고 있던 선수를 교체해 세 번의 조별리그 경기에 모두 패하는 기록을 남겼다.

감독이 소신을 가지고 선수를 선발하고 경기 전략을 짜는 것은 아주 중요하다. 하지만 자신이 직접 말한 소신과 원칙을 뒤엎고, '의리 인사'를 단행함으로써 홍명보 감독은 결국 국민들에게 실망을 안겨주었다.

경청의 달인, 세종대왕

리더의 자리에 있을수록 듣는 것이 중요하다는 가르침은 조선 최고의 리더였던 세종의 업적에서도 여실히 증명된다. 세종이 왕위에 올라 처음 신하들에게 한 말은 "의논하자."였다. 세종은 관직에 사람을 임명할 때 신하들과 의논하는 과정을 거쳤다. 세종은 "관직이란 왕이 마음에 드는 사람을 앉히는 것이 아니라, 그 임무를 가장 잘해낼 수 있는 사람을 택하는 것"이라 말했다. 설령 그 사람이 자신의 정적政敵이거나 불경한 신하일지라도 관직에 걸맞은 인물을 선발해야 한다는 것이 세종의 신념이었다. 후보에 오른 사람들에 대한 다양한 견해를 듣고, 관직에서 역량을 발휘할 수 있는 사람인지 꼼꼼히 따져 묻는 것이 세종의 인재 등용 방식이었다.

세종이 경청의 리더로서 진면목을 보인 결정적인 사건은 바로 '여론조사'였다. 세종은 새로운 세법, 즉 '공법' 실시에 앞서 위로는 고관부터 아래로는 농민까지 약 17만 명에게 찬성과 반대 의견을 물었다. 어느 군주도 감히 상상하지 못했던 청정聽政이었다. 무려 17년간의 토론 후 조선왕조의 조세제도를 개혁하기 시작했다. 백성을 위한 제도이니 백성의 의견이 무엇보다도 중요하다는 세종의 의지를 꺾을 수 있는 신하는 아무도 없었다.

《조선왕조실록》에 따르면 세종이 가장 많이 한 말은 "경들의 의견은 어떠한가?"였다. 독단적으로 결정을 내리지 않고 신하들의 의견을 자주 물은 덕분에 신하들이 "우리 왕은 토론을 너무 좋아하신다.낙어토론, 樂於討論"라고 말할 정도였다.

IBM은 직원들의 의견을 적극 수렴하는 기업으로 유명하다. 친환경 사업을 통해 지속가능한 경영을 실현하겠다는 기업 신념을 지키기 위해 이노베이션 잼Innovation Jam이라는 토론 방식을 고안했다. 이는 온라인상에서 이루어지는 자유토론의 형태로, 전 세계에 있는 40만 명의 직원들은 온라인상에서 하나의 이슈를 놓고 그에 대한 문제점과 개선방안을 자유롭게 제시한다. 실제 이노베이션 잼을 통해 수자원 관리와 나노 기술을 이용한 수처리 필터, 효율적 태양광 발전시스템 사업 아이디어를 발굴했다. 현장에서 일하는 직원들의 살아있는 아이디어와 생각에 귀를 기울였기 때문에 가능한 일이다.

"상대가 뭔가 말하고자 하는 것이 아직 남아 있는 한, 이쪽이 무슨 말을 해도 소용이 없다."

데일 카네기 **Dale Carnegie** 가 한 말이다. 상대방이 말하고 싶어 하는 것을 빠짐없이 쏟아내도록 기다려주지 않으면, 자신이 어떤 말을 한다고 해도 상대방은 반응하거나 설득당하지 않는다는 것이다. 1,500년 전 스토아 철학에는 '판단 중지'라는 개념이 있었다. 대화를 할 때 상대방의 말에 대해서 판단하지 말라는 것이다. 상대가 어떠한 말을 하든지 옳고 그름을 판단하는 것은 그의 말이 다 끝난 후로 미루는 것이 현명하다. 그래야만 그 사람이 진짜 말하려는 바를 알 수 있고, 자신도 그에 대응하는 대답이나 질문을 던질 수 있다.

누군가의 마음을 움직이고 싶다면, 일을 더 잘하고 싶다면, 입보다 귀를 먼저 여는 습관을 들여야 한다.

Brilliant Tip 서른아홉 살 인턴이 주목받은 까닭

필자가 재산 분쟁을 원만하게 합의할 상근조정위원 선발을 앞두고 고심할 때의 일이다. 경력 많은 변호사, 소년 등과한 젊은 변호사 사이에 눈에 띄는 이력서가 있었다. 올해 39세에 사법연수원을 졸업한 그는 산골 출신으로 농림부의 공무원으로 잠시 일하기도 했다.

그의 인생을 바꾼 일은 군 시절에 일어났다. 공장에서 일하던 어머니가 합판을 롤러로 뽑아내는 일을 하다 손목이 절단되었다. 어머니는 그가 탈영할까 걱정이 돼서 그 소식을 알리지 않았다. 그는 휴가를 나왔다가 어머니의 잘린 손을 보았다.

그 이후 그는 법서를 독학으로 공부하며 책임을 회피하는 공장 측과 협상을 벌였고 결국 보상금을 받아냈다. 공대 졸업 후 진로에 대한 고민이 많던 그는 이 일을 떠올리며 법조인이 되기로 결심했다. 결혼 후 다시 법대에 들어가 7년 도전 끝에 사시에 합격했으며, 그때 그는 8살 딸의 아빠였다.

스펙 좋은 젊은이가 넘치는데 로펌에서 늦깎이를 찾을 이유가 없었다. 동정심으로 그에게 공무를 맡길 수도 없는 노릇이었다. 필자가 주목한 것은 따로 있다. 인턴에 해당하는 법원 시보 기간에 연수원생은 경험 삼아 한두 건의 조정 사건을 맡아 처리한다. 그런데 그는 판사들을 찾아다니며 사건을 달라고 졸라 무려 23건의 사건을 원만하게 처리했고 성공률도 꽤나 높았다. 대화를 해보니 다른 연수원생들보다 대화의 기술도 괜찮았다. 모험을 하기로 했다. 필자는 두 달간 기회를 주고 좋은 실적을 내면 정식으로 일을 맡기기로 했다.

처음부터 그에게 까다로운 의료사건을 맡겼다. 병원을 상대로 수술이 잘못되었음을 확인해 손해배상을 청구하는 사건으로 2년 넘게 끌어온 분쟁이었다. 사건을 맡은 처음부터 그는 몇 시간씩 쌍방의 이야기를 들으며 여러 번 대화를 시도했다. 결국에는 합의안을 도출했다.

쌍방이 한 번 더 검토하기로 하고 돌아간 다음 날, 그에게 피해자로부터 장문의 이메일이 도착했다. 2년이 넘는 시간 동안 자기 말을 끝까지 들어준 사람은 그가 처음이라며 결과에 관계없이 감사드린다는 내용이었다. 두 달이 지났다. 그의 조정 성공률은 74%에 달했다. 이제 정식으로 근무하고 있는 그를 보며 늘 필자는 배운다. 정말 행운이다.

〈조선일보〉 2014. 07. 29. 문유석 판사, 《판사유감》 저자

● **경청을 위한 자세**

1. 눈은 상대에게 집중한다. 3초는 적당하지만 6초는 부담스럽다.
2. 마음으로 듣는다. 공감 없는 대화는 시간 낭비다.

3. 귀담아듣는다. Hear이 아니라 Listen이다.

4. 도중에 차단하지 않는다. 기본 예의가 대화의 질을 높인다.

5. 중간에 판단하지 않는다. 판단은 상대의 말이 끝난 후에 해도 늦지 않다.

6. 반응을 보이면서 듣는다. 상대는 당신의 생각이 궁금하다.

7. 1-2-3원칙을 지킨다. 1분 말하고, 2분 듣고, 3번 맞장구쳐라!

05
히잡 벗기 운동이 남긴 것

"바람이 내 머리카락 사이를 통과하는 신비로운 이 느낌을 항상 경험할 수 있으면 좋겠다."

어느 이란 여성의 말이다. 바람이 여성의 머리카락을 가르는 일이 뭐 그리 대단한 일이냐고 묻겠지만, 이란 여성들에게는 이 평범함이 결코 평범하지 않다. 여성들의 머리를 칭칭 감싸고 있는 히잡 때문이다.

이란에서는 이슬람 율법에 따라 여성들에게 히잡 착용을 강제하고 있다. 거리를 지나가는 여성들이 히잡을 쓰고 있지 않거나 약간 헐겁기만 해도 경찰이 현장에서 체포해 갈 정도로 엄격하다. 여성의 드러난 얼굴이 남성의 욕정을 자극해 도덕적인 타락을 부추기기에 히잡으로 얼굴을 가려야 한다는 것이 이슬람교의 입장이다.

이란 여성들은 벌써 수십 년째 히잡과 히잡으로 대표되는 여성 억압에 저항하고 있다. 이런 움직임의 연장선으로 이란 사회에서 얼마 전부터 변화의 바람이 불고 있다. 여성들이 히잡을 벗어던지기 시작한 것이다.

'히잡 벗기'로 알려진 이 운동은 영국에 사는 이란 저널리스트 마시 알리네자드 Masih Alinejad 가 시작했다. 그녀는 '나의 은밀한 자유'라는 페이스북 페이지를 만들어 히잡을 착용하지 않고 온몸으로 바람을 맞고 있는 자신의 사진을 올렸다.

반응은 즉각적으로 나타났다. 페이스북 페이지가 개설된 지 10일 만에 마시의 뜻에 동참하는 수천 명의 여자들이 히잡을 벗어던진 자신의 사진을 페이스북에 공개했다. 또한 14만 명 이상의 사람들이 '좋아요'를 눌러 이란 여성들의 히잡 벗기 운동을 격려하고 있다.

히잡을 벗으니 천편일률의 이란 여성들은 각양각색의 매력을 뽐냈다. 물론 그녀들이 올린 사진들 중 자신의 신분이 드러나지 않도록 뒷모습을 찍거나 선글라스를 쓰고 찍은 사진도 있기는 했으나 얼굴을 과감하게 노출한 사진들도 많았다. 하얀 모래사장, 나무가 우거진 숲길, 아름다운 꽃밭 등에서 히잡을 벗고 머리카락 사이로 마음껏 바람을 즐기는 이란 여성들의 사진은 무척 아름다웠다. 히잡 안에 감춰져 있던 그녀들의 환한 입매, 피부, 콧날에 사람들은 매료되었다.

히잡은 단순히 얼굴을 가리는 것이 아니라 여성들이 자신의 능력을 발휘할 기회를 박탈하고 능동적인 삶을 살 권리를 억압하는 도구였기 때문에 논란은 쉽게 사그라들 것 같지 않다. 이와 무관하게 이란 여성들은 지금도 계속해서 자기 본연의 모습을 세상에 당당히 드러내겠다는 의지를 키우고 있다.

각기 다른 표정과 개성을 가진 여성이 아닌, 히잡을 쓴 '이슬람 여인'

으로만 살아야 했던 이란 여성들이 찾고자 하는 것은 바로 '자기 자신'
이다. 이번 운동을 통해 자기다움을 찾고자 하는 여성들의 욕망이 억
압과 폭력을 뚫고 나올 수 있을지 전 세계가 주목하고 있다.

자신을 여덟 단어 이하로 정의한다면

다른 사람과 차별화되는 '자기다움'을 발견하는 것이 비단 이란 여성
에게만 중요한 이슈가 되는 것은 아니다. 직장인들도 조직의 브랜드가
아닌 자신 고유의 정체성으로 경쟁해야 하는 시대를 살고 있다.

경영석학 톰 피터스 Tom Peters 는 우리는 직접 물건을 팔지 않더라도
설득력과 영향력 있는 사람이 되기 위해 스스로 자신을 세일즈한다고
말한다. 다시 말해 어떤 프로젝트팀에 정말로 참여하고 싶다면 머리부
터 발끝까지 자신을 팔아야 한다는 것이다. 이는 곧 자신의 핵심 가치
를 정의하고 자신이 원하는 기회를 잡기 위해서 끊임없이 자신을 브랜
딩해야 함을 뜻한다.

퍼스널 브랜딩 personal branding 의 출발점은 정체성이다. 당신에게 이렇
게 질문해보겠다. "자신에 대해 여덟 단어 이하로 말할 수 있는가?" 산
소 탱크 박지성, 시골 의사 박경철, 국민 첫사랑 수지 등의 퍼스널 브랜
드는 그들을 남과 확실히 구분 짓게 한다.

세계적인 마케팅 전문가 세스 고딘 Seth Godin 은 "자신에 대해 여덟 단
어 이하로 묘사할 수 없다면, 당신은 아직 자신의 자리를 갖지 못한
것"이라고 단언한다. 당신의 퍼스널 브랜드는 단순히 이미지만을 의미
하지 않는다. 외면의 이미지뿐만 아니라 내면의 정체성까지 아우르는

핵심역량이다. 좀더 쉽게 설명하자면, 겉으로 보이는 외공뿐만 아니라 속에 숨겨진 내공까지 두루 갖춰야 한다는 의미다.

워런 버핏의 브랜드 가치는?

세상에서 가장 비싼 점심은 얼마일까? 투자의 귀재 워런 버핏과의 점심값이다. 2014년, 15주년을 맞은 '워런 버핏과의 파워런치power lunch, 실세와의 점심를 위한 자선경매'는 우리 돈으로 약 2,560만 원에서 시작해 하루 만에 3억 5,800만 원까지 치솟았을 정도로 경쟁이 치열했다. 이 점심 경매에 낙찰된 사람은 전형적인 뉴욕 스테이크하우스에서 버핏과 3시간 동안 점심 식사를 하는데 7명의 친구들을 동반할 수 있다. 버핏이 좋아하는 스테이크와 감자요리, 여기에 탄산음료까지 한 잔을 보태도 우리 돈으로 7~8만 원 선인 점을 감안한다면 파워런치 가격은 한 끼 식사값으로는 천문학적인 숫자다. 하지만 역대 낙찰자들은 버핏과의 한 끼라면 그 돈이 아깝지 않다고 여긴다.

2000년 첫 경매 때는 낙찰가가 2,500만 원이었다. 가격이 파격적으로 오른 것은 글로벌 금융위기가 찾아온 2008년부터였다. 2012년에는 약 우리 돈 35억 원으로 낙찰가가 치솟았고, 2014년에는 싱가폴의 앤디 추아에게 약 22억 원에 낙찰됐다. 워런 버핏이라는 브랜드 파워를 여실히 보여주고 있다.

워런 버핏의 브랜드는 어떤 것이기에 사람들이 이토록 그와 보내는 시간에 열광하는 것일까? 그는 지금의 20~30대가 태어나기도 전부터 가치투자를 통해 부를 축적한 투자의 산 증인이다. 그는 하루 사이에도 가격이 들쑥날쑥 변하는 기업 가치의 원리를 가장 정확히 파악하는 사람인 동시에 인간의 광기와 탐욕, 군중심리가 만들어내는 비효율적인 시장을 간파한 인물이다.

그와 함께하는 파워런치는 '어디에 투자하라.'고 찍어주는 투자 상담 시간은 아니다. 말 그대로 버핏과 이런저런 얘기를 나누면서 점심 식사를 하는 자리다. 경매에 참여한 사람들도 버핏에게서 특별한 지식이나 정보를 얻고자 하는 것이 아니다. 그와 같이 점심을 먹거나 이야기를 나눌 수 있는 수준의 사람이라는 것을 공개적으로 보여줌으로써 다른 사람들로부터 인정받는 것에 의미를 둔다. 버핏과 함께 점심을 먹었다는 사실만으로도 브랜드 가치는 상상을 초월할 정도로 높아지기 때문이다.

그래서 일각에서 버핏의 점심 경매를 자본주의의 극단을 보여주는 부자놀음이라고 혹평하기도 한다. 사람들의 허영심을 두고 장사를 하는 것 아니냐는 비판을 받기도 하지만 이와 상관없이 버핏은 지난 15년 동안 거둬들인 경매 수익 168억 원 전액을 노숙자를 위한 복지단체에 기부했다. 또 돈보다 가치를 좇는 가치관과 평생 번 돈을 사회에 환원하는 행동은 그가 단순히 돈이 많은 부자가 아닌 '돈에서 자유로운' 명사라는 이미지를 구축하도록 만들었다.

'워런 버핏'이라는 위대하고 값비싼 퍼스널 브랜드가 만들어지기까지 그는 '자기다운 영역'을 만들기 위해 피나는 노력을 했다. 다른 사람의 기억 속에 자신이 어떤 브랜드로 남을 것인지 끊임없이 고민했던 것이다.

한 케이블 TV 프로그램 〈비정상회담〉에 출연해 주목을 받은 외국인이 있다. 바로 영국인 탐험가 제임스 후퍼 James Hooper 다. 1987년생인 이 젊은 탐험가는 만 16세의 나이에 몽블랑을 등정하고, 스폰서를 구해 19세에 에베레스트산을 등정했다.

영국 최연소 나이로 에베레스트산 등정 기록을 세운 지 얼마 되지 않아, 그는 또다시 도전의 길에 나섰다. 이번에는 북극에서 남극까지 pole to pole 무동력 종단이라는 특별한 경험을 하기로 결심한 것이다. 그는 자전거를 타고, 수영을 하고, 노를 저으면서 지구의 극에서 극까지 완주했다.

제임스 후퍼는 2008년 내셔널 지오그래픽이 뽑은 '올해의 탐험가'로 선정되었고, 한국과 인연이 닿아 경희대학교 지리학과에 입학하게 되었다. 하지만 후퍼는 타국에 와서도 탐험을 멈추지 않았다. 제주도 한라산에서 서울 남산까지 무동력 종주에 도전해 100시간 안에 99시간 30분 3초 완주했다. '탐험'과 '도전'의 아이콘이 된 젊은 탐험가는 새로운 도전을 위해 다시 영국으로 떠났다. 제임스 후퍼의 브랜드가 얼마나 더 견고해질지 지켜볼 일이다.

만약 당신이 오늘 TV에 출연한다면 어떤 한 단어의 소개말을 써야 할까? '당신'을 대표할 만한 단어나 문구가 떠오르는가? 아니면 주변에서 당신을 부르는 별칭이 있는가? 아이디어 뱅크, 괴짜, 영업의 신, 아날로그 감성 등 당신 이름 앞에 붙는 단어를 되새기다 보면 현 위치를 파악할 수 있다. 아무리 생각해도 딱 들어맞는 문구가 떠오르지 않는다면 그만큼 경쟁력이 없다는 것이다.

톰 피터스는 《리틀 빅 씽》이라는 책에서 자신을 브랜드화하는 방법을 소개했다. 그중 당장 실천할 수 있는 몇 가지 방법을 소개한다.

1. 항상 탁월함(Excellence)를 추구하라.
현실을 넘어 이상을 꿈꾸고, 안전함보다는 리스크에 도전하는 태도를 갖춰야 한다.

2. 스토리의 주인공이 되어라.
자신만의 감동적인 스토리를 만들어내야 한다. 진행 중인 프로젝트는 미공개 스토리임으로 그 프로젝트를 어떻게 나의 스토리로 만들지 늘 고민해야 한다.

3. 친절은 돈이 들지 않는다.
상대방이 나를 더 좋게 평가하게 만드는 것은 학문적 성숙도나 지식보다 정중한 예절과 에티켓이다.

4. 품위 있게 행동하라.
고위 공무원이나 임원급 인사들이 서비스업 종사자에게 함부로 대했다가 어떤 결과를 초래했는지 기억하라.

5. 친구가 성공의 원동력이다.
친구를 만드는 능력이 뛰어난 사람은 더 큰 성과를 발휘한다. 팀 프로젝트의 성패는 관계에서 시작된다.

06

역량 카탈로그의 중요성

영화배우 최민식은 대한민국의 대표적인 연기파 배우다. 짙은 인상과 미세한 표정 변화, 목소리까지 영화에 고스란히 스며드는 최민식의 연기 덕분에 관객들은 영화에 쉽게 몰입할 수 있다. 그가 출연하면 개봉 전부터 영화에 대한 사람들의 기대감은 한껏 치솟는다. 영화의 줄거리보다 최민식이 어떤 역할을 맡았는지가 더 화제가 되기도 한다.

영화 개봉 전부터 사람들의 기대감이 높아지는 이유는 배우 최민식이 가지고 있는 필모그래피 filmography 에서 찾을 수 있다. 필모그래피란 영화 관계 문헌 혹은 영화 목록을 뜻하는데, 배우의 경우에는 자신이 출연한 작품 리스트가 곧 자신의 필모그래피가 된다.

최민식의 필모그래피는 80년대 연극부터 시작해 TV드라마, 영화까지 매체와 장르가 다양하다. 그는 1989년 KBS 드라마 〈야망의 세월〉에서 보여준 거친 남자 이미지를 통해 대중의 주목을 한 몸에 받기 시작했다. 그 뒤로 〈서울의 달〉에서 순박한 시골총각이 되기도 했고, 덜 떨어진 동네 날라리, 삼류 건달, 조직의 보스 등으로 완벽하게 변신함으로써 '연기 잘하는' 배우라는 평판을 얻었다.

최민식의 대표 작품을 꼽으라면 〈올드보이〉를 빼놓을 수 없다. 그는 〈올드보이〉에서 오대수 역을 맡아 복수에 굶주린 짐승 같은 연기를 펼쳐 그랜드 슬램을 달성했다.

〈올드보이〉로 시작해 〈악마를 보았다〉, 〈범죄와의 전쟁〉, 〈신세계〉에 출연하면서 최민식은 '느와르의 대부'라는 새로운 수식어를 얻게 되었다. 어둡고 음침하지만 강렬한 남성미를 풍기는 최민식의 연기는 느와르에 적격이었고, 사람들도 그가 출연한 느와르 영화라면 '믿고 본다'고 말할 정도다.

영화 제작자나 감독들 또한 배우를 캐스팅할 때 배우의 필모그래피를 검토하는 것이 필수다. 캐스팅 여부를 결정하기 위한 신뢰도 높은 근거가 되기 때문이다. 감독은 배우의 필모그래피를 보며 자신이 구상한 영화 속 배우의 연기를 상상해볼 수 있고 제작자나 투자자는 이전의 흥행성적을 토대로 어느 정도의 관객 파워를 가진 배우인지 예측할 수 있다.

20년이 넘는 연기생활을 통해 쌓은 최민식의 필모그래피는 '최민식 그 자체'다. 다양한 장르와 매체를 넘나든 출연작을 통해 그의 '연기력이 탄탄할 것'이라고 예상할 수 있다. 또 전 세계적으로도 주목을 받은 범죄·형사 영화들은 그가 '느와르에 탁월한 배우'라는 것을 말해준다.

그러나 최민식은 한 번의 광고 출연으로 위기를 맞은 적이 있었다. 바로 대부업체 광고였다. '연기파 배우', '국민 배우', '충무로 연기의 신'과 같은 긍정적 이미지와 대부업체 광고 모델은 이율배반적으로 다가왔다. 묵직한 느와르 영화에서 관객을 사로잡던 그가 경쾌하다 못해 요란한 음악을 배경으로 '돈 빌려 가세요.'라며 광고를 하니 사람들은 실망스러울 수밖에 없었다. 얼마 못 가 광고는 중단됐지만, 최민식에게는 흑역사로 남았다. 지금까지도 최민식이라는 브랜드에 큰 오점으로 기억되고 있다.

프로젝트는 곧 나

영화배우에게 필모그래피가 있다면 직장인에게는 프로젝트 리스트가 있다. 관객과 감독, 제작자가 배우를 선택하기 위해 필모그래피를 검토하는 것처럼 프로젝트 매니저나 상사는 지원자의 역량을 파악하기 위해 프로젝트 리스트를 들춰볼 것이다.

톰 피터스는 '프로젝트는 곧 나'라고 이야기했다. 여기서 프로젝트란 회사에서 하는 모든 일이라고 볼 수 있다. 팀 차원으로 진행하는 비즈니스 프로젝트가 아니더라도 자신이 하는 모든 업무는 자신을 설명하고 대변하는 도구가 된다. 전에 없던 새로운 장소와 프로그램으로 동료와 상사를 깜짝 놀라게 하는 워크숍을 기획했다면, 그는 유쾌하고 기발한 아이디어를 가진 사람으로 인식될 것이다. 그러므로 창의력을 요구하는 프로젝트에 지원했을 때 그가 발탁될 확률은 그만큼 높아진다.

자신을 브랜드로 만드는 것은 결국 자신의 일이다. 아무리 사소한 일이라도 그 안에 '와우!' 요소는 들어 있다. 톰 피터스는 일에서 멋진 요소를 발견하여 극대화하고, 이를 통해 업무를 와우 프로젝트로 만드는 과정을 '창조·판매·실행·퇴장'의 4단계로 설명한다.

우선 멋진 프로젝트를 찾고 만들기, 실행 단계에서 다양한 지원자를 모집하기 위해 프로젝트 선전하기, 즉석에서 제품 테스트를 하면서 수정하기, 입소문 내기, 프로젝트 완성하기, 프로젝트 결과가 주류 시장에 뛰어들 수 있도록 조치하기 그리고 완성된 프로젝트를 떠나 새로운 프로젝트를 찾아 나서는 것으로 이 과정을 설명하고 있다.

평판 관리가 중요하다

2014년 브라질 월드컵은 세계인의 주목을 받으며 막을 내렸다. 월드컵의 열기만큼이나 뜨거운 것이 기자와 방송관계자들의 취재 열정이다. 축구 경기 중계는 물론 관중석에 있는 수많은 미녀 팬이나 특이한 복장을 한 팬들을 실시간으로 촬영해 화젯거리로 만들어야 하기 때문이다.

벨기에의 17세 소녀 악셀 디스피기라르Axelle Despiegelaere는 이 세계인의 축제에서 가장 큰 행운을 얻은 사람 중 하나였다. 그녀는 벨기에가 러시아, 대한민국과 치른 경기에서 영국 BBC 등 중계카메라에 얼굴이 잡히며 유명세를 탔다. 중계가 나가고 며칠 지나지 않아 페이스북에 그녀의 팬 페이지가 개설됐고, 언론은 연일 그녀를 방송에 내보냈다. 이런 열기의 클라이맥스는 로레알이 이 소녀를 모델로 발탁한 사건이었다.

벨기에 신문은 '17세 소녀 축구팬이 축구장에서 응원하다가 로레알의 모델이 됐다.'는 헤드라인을 썼다. 일명 '월드컵 신데렐라'가 탄생한 것이다. 소녀는 축구 응원을 하러 갔을 뿐인데 유명 화장품회사로부터 러브콜을 받자 이를 거절할 이유가 없었다. 17세 소녀의 앞길은 장미빛 그 자체였다.

그런데 계약이 성사되고 3일째 되던 날, 악셀 디스피기라르는 갑자기 로레알로부터 계약 해지 통보를 받았다. 한껏 들떠 있던 월드컵 신데렐라의 꿈을 한순간에 무너뜨린 것은 그녀가 과거에 페이스북에 올린 한 장의 사진이었다.

사진 속의 소녀는 죽어 있는 가젤 앞에서 총을 든 채 환하게 웃고 있었다. 소녀가 직접 가젤을 사냥한 후 기념사진을 찍은 것이다. 이 사진을 발견한 로레알 고객들은 즉시 로레알에 항의하기 시작했다. 로레알은 동물 실험을 반대하는 기업으로 유명한데, 사냥을 즐기는 소녀가 로레알의 모델이 될 수 없다는 이유였다. 결국 로레알도 자신들의 기업철학과 정반대의 취미를 가진 이 소녀와의 계약을 3일 만에 해지해버렸다.

SNS로 기회를 잡았던 악셀 디스피기라르는 SNS로 기회를 잃었다. 그녀의 과거 이력은 예쁜 외모로 주목받던 속도보다 훨씬 빠르게 퍼져나갔고, 그녀는 그저 손 놓고 이를 지켜봐야 했다.

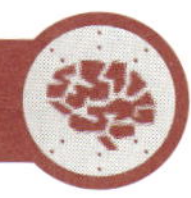

Brilliant Tip　평판 관리 7계명

1. 평판의 속성을 제대로 이해하라.
한 사람, 한 사람의 말이 모여 평판이 된다. 어떤 사람에 대한 평판은 대체로 수렴하는 경향이 있다. 평판은 의견이지만, 여러 의견이 하나로 수렴하면 일반적인 사실 혹은 불변의 진리처럼 되어 나중에는 그 평판의 프레임 속에 갇히게 된다.

2. 누가 내 평판을 말하는가.

다면 평가를 넘어, 상하좌우 360도에서 당신의 행동을 보고 있는 입체 평가의 시대이다. 상사는 기본이고, 동료, 후배, 타 부서 직원, 거래처 관계자, 경비직원, 청소직원 등 주변에 있는 모든 사람들이 당신의 평판을 말해줄 수 있다는 것을 명심하라. 혹여 부하 직원으로부터 부정적인 평가를 얻으면 '리더십'에 문제가 있다고 여길 수 있다.

3. 적을 만들지 마라.

좋은 평판은 10명이 필요하지만, 나쁜 평판은 1명이면 충분하다. 좋은 평판은 여러 사람으로부터 오랜 시간에 걸쳐 형성되지만, 나쁜 평판은 단 한 사람이 느낀 짧은 순간에서 시작된다.

4. 확실한 아군을 만들라.

이왕이면 조직 내에서 인간 관계의 허브 역할을 하는 사람을 아군으로 만드는 것이 좋다. 두 가지 효과를 노릴 수 있는데, 그가 내 평판 조회의 참고인이 될 수도 있고, 남들에게 나의 이야기를 좋게 해서 좋은 평판을 확산시킬 수도 있다.

5. 협력업체를 간과하지 마라.

평판은 내부뿐만 아니라 외부에서도 이루어진다. 조직의 지위와 역할을 이용해 무례하게 행동하면 부메랑이 되어 돌아올 수 있다.

6. 외모도 중요하다.

사람은 객관적이기 위해 노력할 뿐, 생물학적으로 자기 인식을 통해 대상을 바라본다. 좋은 첫인상은 긍정적인 인식을 형성하는 데 가장 쉬운 방법이다.

7. 깔끔하고 아름답게 이별하라.

평판 조회를 할 때, 퇴사 과정이 매끄러웠는지를 묻는 것은 필수 항목이다. 아

름다운 이별을 할 줄 아는 직원의 평판은 어느 회사를 가든 따라다닌다. 그래
서 끝이 나쁘면 지금까지 잘해왔던 것도 한순간에 물거품이 된다. '끝날 때까
지 끝난 것은 아니다.'라는 야구계의 명언을 깊이 새겨야 한다.

07
이미지 디자인

아리조나 뮤즈*Arizona Muse*는 각종 명품 브랜드를 더욱 화려하게 만들어주는 모델로 유명하다. 그녀는 톱모델들만 가능하다는 루이비통의 메인 표지 모델이 되기도 했고, 프라다 패션쇼의 오프닝을 장식하기도 한 세계적인 모델이다.

처음부터 아리조나 뮤즈가 모델계에서 환영을 받은 것은 아니다. 사실 모델이라는 직업이 예쁘고 화려해서 많은 사람들의 동경의 대상이지만, 실제 모델들의 삶이 그러한 것은 아니다. 어느 정도 유명세를 탄 모델이라도 디자이너 숍에 포트폴리오를 들고 찾아다니며 오디션을 치러야 한다. 런웨이에 한 번 서기 위해 디자이너 앞에서 수없이 워킹을 해야 하고 옷을 수없이 입었다 벗어야 한다. 그럼에도 불구하고 낙오되는 것은 예삿일이다.

아리조나 뮤즈도 이런 모델들 중 한 명이었다. 미국 출신의 평범한 외모를 가진 아리조나를 선뜻 무대에 세우려는 디자이너를 찾기는 쉽지 않았다. 그렇게 무명으로 모델 인생을 마감할 뻔한 아리조나 뮤즈에게 뜻하지 않은 기회가 찾아왔다. 바로 '헤어스타일'에 변화를 주면서였다.

아리조나 뮤즈는 긴 금발머리를 짧게 잘랐고 짙은 갈색으로 염색했다. 그러자 금발에 가려져 지루하고 평범해 보였던 얼굴에 확 생기가 넘쳤다. 시원한 눈매와 턱은 세계적인 디자이너의 이목을 끌기에 충분할 만큼 매력적이었다. 디자이너들은 오디션을 보러 온 아리조나를 보고 왜 자신들이 그동안 그녀를 떨어뜨렸었는지 의아해할 정도였다. 다들 '저 사람이 정말 아리조나 뮤즈가 맞냐?'며 몰라보게 달라진 그녀에게 주목했다.

이름도 생소하던 무명 모델 아리조나 뮤즈는 일약 스타로 떠올랐고 명품 브랜드의 메인 모델이 되었다. 게다가 디자이너들이 먼저 러브콜을 보내는 스타 모델이 되었다.

아리조나 뮤즈의 대변신

　좀더 세련되게, 자신이 가진 본연의 아름다움이 더 잘 드러나게 외모를 관리하는 것은 이제 모델이나 연예인들만의 일이 아니다.

　정치인들도 선거운동을 시작하면 이미지 메이커들과 함께 헤어스타일은 물론 의상, 제스처까지 대중들에게 어떻게 보일 것인지 연구에 연구를 거듭한다. 버락 오바마 대통령은 긴 대선 기간 동안에 단 5벌의 양복만 갈아입으며 청렴하면서도 서민적인 리더의 이미지로 대중에게 어필했다. 니콜라 사르코지 대통령의 경우 패션 감각에 유독 관심이 많은 프랑스 국민들에게 트렌디하고 스타일리시한 패션을 선보이면서 대선에 승리하기도 했다. 이렇게 현대에는 정치인의 신념과 정치철학도 말이 아닌 헤어스타일과 의상만으로 충분히 표현하고 전달할 수 있다.

　정치인들이 이렇게 이미지에 신경 쓰게 된 계기는 1960년 9월에 있었던 리처드 닉슨과 존 F. 케네디 대선 후보의 TV토론이었다. 당시 TV토론은 미국 역사상 최초로 전역으로 생중계되었기 때문에 모든 국민이 주목하고 있었다. TV토론 전까지는 대부분의 사람들이 부통령으로서 역할을 잘 해낸 닉슨이 승리할 것으로 예측하고 있었다.

　막상 토론이 시작되자 사람들의 눈길은 닉슨이 아닌 케네디에게로 쏠렸다. 회색 정장에 어딘지 지쳐 보이는 닉슨과 달리, 케네디는 감청색 양복을 입고 활력 넘치는 모습과 확신에 찬 목소리로 자신의 이야기를 끌어갔다. 흑백 TV에 비춰진 케네디의 짙은 색 양복은 그를 더욱 뚜렷하고 돋보이게 했다.

　라디오 토론을 청취한 국민들은 논리적인 말솜씨의 닉슨을 여전히 지지했지만, TV토론을 시청한 국민들의 선택은 정반대였다. 결국 미국 국민들은 압도적인 지지로 케네디의 손을 들어주었다.

노숙자 짐의 인생에 찾아온 기회

외모는 첫인상을 좌우하기도 하고, 그 사람의 감각을 예측하게 해 줄 뿐 아니라 아리조나 뮤즈의 경우처럼 기회를 창출하기도 한다. 즉 이미지 변신은 말 그대로 인생을 통째로 바꿔버리기도 한다. 몇 년째 거리에서 노숙생활을 하는 짐 Jim 은 수십 년간 가난, 알코올중독에 찌들어 살았다. 노숙과 구걸로 연명하던 어느 날, 그는 한 메이크오버 makerover 캠페인에 자기 자신을 변신시켜 달라고 지원했다.

언제 잘랐는지 모르는 덥수룩한 머리에 얼굴을 가린 수염, 이마에 깊이 패인 주름 때문에 그의 나이는 짐작할 수조차 없었다. 변신을 앞두고 스튜디오 한가운데 자리 잡고 앉은 짐은 고개를 푹 숙인 채 자신 없어 했다.

얼마의 시간이 지났을까, 덥수룩한 머리는 짧게 다듬어졌고, 짙은 컬러로 염색해 깔끔해졌다. 얼굴을 반이나 가리고 있던 수염을 면도하고, 더러운 점퍼를 벗고 멋스러운 슈트로 갈아입었다. 윤이 나는 구두를 신고, 넥타이까지 매고 나자, 그는 영락없이 능력 있는 비즈니스맨의 모습으로 변신했다.

거울을 본 짐은 눈물을 흘렸다. 길거리에서 술에 취해 지내던 자신의 모습이 오버랩되었기 때문이었다. 그는 그동안 거울을 보면서 항상 자신을 인생의 실패자로 인식했다. 하지만 변화된 그에게서 더는 낙오자의 모습은 찾아볼 수 없었다. 당당하고 유능한 비즈니스맨이 서 있을 뿐이었다. 짐은 그 후 오랫동안 방치했던 인생을 통제하기 시작했다. 술에 의존해 하루하루 연명하던 삶을 청산하기 위해 알코올중독자 모임에 나가고, 몇 년 후에 자신의 집을 갖겠다는 계획도 세웠다. 이제 그의 얼굴에서 패배자의 우울한 표정은 찾아보기 힘들었다. 변화할 수 있다는 자신감과 의욕, 삶에 대한 애정으로 훨씬 부드러워진 미소를 띠고 있었기 때문이다. 메이크오버 캠페인에 자원했던 작은 용기는 그의 외모뿐 아니라 인생 자체를 변화시킨 것이다.

노숙자 짐 vs 메이크오버 후 짐

메라비언의 법칙

헝클어진 머리와 풀어헤친 넥타이, 구겨진 셔츠가 '야근을 불사한 성실한 직원'을 대변하던 시대는 지났다. 우리는 이미 긍정적인 이미지가 업무 능력과 더불어 자신을 더욱 빛나게 만들어주는 시대에 살고 있다.

여기서 말하는 긍정적 이미지란 상대방에게 호감을 주는 인상으로 겉으로 보이는 극히 제한된 정보, 즉 외모에 국한되지 않는다. 유명한 커뮤니케이션 이론 중에 메라비언의 법칙 The Law of Mehrabian 이 있다. UCLA의 앨버트 메라비언 Albert Mehrabian 이 1971년 《침묵의 메시지 Silent Messages》에 발표한 법칙으로, 상대방에게 호감을 결정하는 데 있어서 시각적 부분이 55%, 목소리 같은 음성적인 요소가 38%, 그리고 말의 내용이 7%를 차지한다는 연구 결과다. 즉 외모 차원을 넘어선 비언어적인 커뮤니케이션을 통한 이미지 관리의 중요성을 일깨워주고 있다. 예컨대 좋은 내용을 담고 있는 말이라도 찡그린 얼굴로, 화가 난듯한 보디랭귀지를 사용하여 말한다면, 과연 듣는 이로 하여금 호감을 불러일으킬 수 있을까?

또 신입사원이 '어제 거하게 한잔했습니다. 말 시키지 마십시오…'라는 표정에 흐트러진 옷차림으로 출근한다면 그 누구에게도 호감을 주기 어렵다. 마찬가지로 취임식이나 공식 석상에 초대되었는데 격식 없는 옷차림, 혹은 단정하지 못한 복장으로 나타나는 것은 주최 측을 무시하는 처사로 부정적인 인상을 심어준다. 그렇기에 상황과 시공간에 따라 옷차림을 잘 선택하는 것은 매우 중요하다. 상대방에게 배려하고 있다는 느낌을 줄 경우 신뢰를 얻을 수 있지만 그렇지 않을 경우 성사 직전까지 간 계약이 파기되는 등 큰 낭패를 볼 수 있다.

예전에 모 백화점 과일 코너에서 일하는 직원이 TV에 소개된 적이 있다. 방송을 보면 이 직원을 믿고 매장을 찾는 단골 고객이 무척 많았다. 그 이유가 뭘까.

기능성을 구매 기준으로 삼는 공산품의 경우 쉽게 물건을 고를 수 있지만 과일은 그렇지 못하다. 아무리 때깔이 좋은 과일을 사도 막상 잘라보면 맛이 없거나 상한 경우가 있다보니 사람들은 과일을 고를 때 신중에 신중을 기했다. 이런 점을 포착해 그 직원은 고객들에게 신선한 과일을 고르는 법을 알려주기도 하고, 자신이 쌓은 노하우로 맛있는 과일을 추천해주기도 했다. 친절과 배려는 물론 고객들이 원하는 것이 무엇인지 제대로 포착한 후 문제 지점을 대신 해결해줌으로써 긍정적 이미지를 구축한 것이다.

누구나 과일 코너의 직원처럼 좋은 이미지를 구축하고 싶어 한다. 그런데 남에게 잘 보이기 위한 수단으로 가식적인 이미지를 만들어내는 것은 금물이다. 결국 포장된 이미지는 오래 가지 못할 뿐더러 상대방의 머릿속에 비호감으로 남게 된다.

연예인이나 공직자처럼 유명 인사가 아니더라도 자신만의 아우라가 필요한 시대다. 아우라는 캐릭터와 스타일, 행동이 일관되게 삼박자를 이룰 때 자연스럽게 만들어진다.

1. 시작은 캐릭터 발견

김혜수는 당당하다. 이선균은 부드럽고, 이승기는 모범생이다. 연예인들이 아우라를 만들 때 기준이 되는 것은 한 마디로 표현할 수 있는 자신의 캐릭터다. 캐릭터는 이미지 메이킹을 위한 모든 노력(외모, 말투 등)의 기준이 된다. 사람들이 평소에 자신을 어떻게 평가하는지 귀 기울여보자. 혹은 자기 자신을 한 단어로 표현해보자. 그것이 자신의 캐릭터다.

2. 스타일 메이킹

사람이나 제품의 스타일링은 백 마디 말보다 직관적이다. '노긍정 선생'으로 통하는 노홍철은 빨간 반바지에 깃 달린 모자를 쓰는 데 스스럼이 없다. 자신의 차에는 '홍카'라는 애칭을 붙여주고 호피무늬로 랩핑을 했다. 자기 스스로를 인생의 주인으로 삼고 긍정적으로 세상을 바라보는 그의 삶의 철학은 의상, 헤어스타일, 자동차 등에 고스란히 드러난다.

3. 행동 하나하나에 묻어나는 아우라

구멍 난 옷을 손수 꿰매 입는다는 청렴한 리펑 총리는 중국의 전력 산업을 쥐
락펴락하며 뇌물을 수수하다가 적발되었다. 안후이성 안칭시의 당서기는 오래
된 달력 이면지를 사용해 절약의 표상으로 칭송받았지만, 막상 그가 마시는 생
수는 일반 생수보다 15배나 비싸서 빈축을 샀다. 그래서 중국은 지도층의 '청
렴쇼'에 진저리를 친다. 남들이 볼 때나 보지 않을 때나 일관된 행동이 아우라
를 완성한다.

08

내일을 위한 협상

협상의 승자는 누구?

1914년 7월 28일 발발한 제1차 세계대전은 인류 역사상 최초로 일어난 세계 전쟁으로 오스트리아가 세르비아에 선전포고를 하면서 시작되었다. 이 전쟁으로 무려 900만 명의 이상의 군인들이 목숨을 잃었고 폭력성이 난무하면서 무고한 희생자들이 속출했다. 전쟁이 4년 4개월 이상 지속되면서 세계의 권력지도 또한 천천히 변해갔다. 러시아에서는 군주제가 붕괴되고, 독일에서는 혁명이 일어나 공화국이 세워졌다. 또 미국에서는 참전을 결정함으로써 많은 군수물자와 재정을 연합군에 지원했다. 이로써 전쟁의 상황은 완전히 바뀌었다.

이어 1918년 끝까지 버티던 독일이 마침내 항복하면서 제1차 세계대전은 종결되었다. 1919년 1월, 프랑스의 베르사유 궁전에서 연합국과 패전국 독일 사이에 베르사유조약이 체결되는데, 이 조약은 패전국 독일에 대해 철저히 보복하는 내용을 담고 있었다. 조약에 따라 독일은 해외식민지를 모두 잃었고, 본국의 알자스와 로렌을 프랑스에 반환하였을 뿐만 아니라, 벨기에·폴란드·체코슬로바키아에게 각각 일부 영토를 할양함으로써, 인구 15%와 영토의 10%를 잃었다. 또한 독일에 전쟁의 책임을 물어 연합국에 막대한 금액의 손해배상을 하도록 했고, 엄격한 군비제한이 부과되었다. 육군병력은 10만 명 이내, 해군의 군함 보유량은 10만 톤 이내로 제한했으며, 참모본부 의무병역제도가 폐지되었고, 공군 잠수함의 보유도 금지되었다. 육해군의 무장에 대해서도 엄한 제한과 감시를 받았다.

경제적으로나 정치적으로나 독일은 완전히 난관에 빠지게 된 것이다. 독일과 승전국들의 표정은 극명히 대비되었다. 뺏을 수 있을 만큼 모든 것을 빼앗은 승전국은 그제야 만족한 듯 돌아갔다. 하지만 일방적이고 무자비한 베르사유조약은 결코 '조약'이라고 할 수 없었다. 그래서 독일에서는 '명령'이라고 불렀다.

여기까지만 보면 승전국은 종전 협상에서 한 치의 실수 없이 승리했다. 만일 독일이 다시는 만날 수 없게 멀리 우주로라도 이사를 갔다면 베르사유조약은 승전국들의 완벽한 협상으로 기록되었을 것이다. 하지만 이 승리는 불행의 씨앗을 품고 있었다. 궁지에 몰린 쥐가 고양이를 공격하듯, 갈 곳 없는 독일이 반격을 도모한 것이다.

베르사유조약으로 독일 경제는 파탄 지경에 이르렀다. 인플레이션이 심해지고 사람들은 일자리를 구할 수 없었다. 승전국에 대한 분노는 점점 높아졌고, 정치도 혼란스러웠다. 사람들은 전쟁만큼이나 괴로운 이 시기를 누군가는 끝내주기를 간절히 바라게 되었다. 절박한 삶과 분노를 터트릴 출구가 필요했던 독일 사람들 앞에 히틀러가 나타났다.

제1차 세계대전의 종식을 진심으로 바랐다면 베르사유 궁전 거울의 방에서 어떤 대화들이 오가야 했을까? 상대에게 더 많은 것을 얻어내려는 분배적 협상에 열을 올리기보다 양측 모두가 합의할 수 있는 새로운 가치를 제시했다면 '히틀러'는 나타나지 않았을 지도, 제2차 세계대전이 발발하지 않았을 지도 모른다. 물론 이것은 역사의 가정에 지나지 않지만 말이다.

그랜트 장군의 위대한 협상

베르사유조약이 있기 40여 년 전, 미국의 남북전쟁 당시 북부군의 율리시스 그랜트_{Ulysses S. Grant} 장군은 게티즈버그전투 후 사기가 꺾인 남부군을 몰아붙여 결국 애포매톡스 코트 하우스_{Appomattox Court House} 에서 남부군 총사령관 로버트 리_{Robert E. Lee} 장군의 항복을 받아낸다. 그리고 두 사람은 전쟁의 승자와 패자로 협상테이블에 마주 앉았다. 그들의 만남이 기록된 그림_{121쪽}을 보면 누가 승장이고 패장인지 구분하기 힘들다. 얼핏 보면 제복에 긴 칼까지 찬 오른쪽의 백발 남성이 승장 같지만 사실 그 맞은편에 수수한 정장 차림에 흙 묻은 장화를 신은 사람이 북부군의 그랜트 장군이다.

둘의 만남은 패장인 리 장군의 요청으로 이루어졌다. 패색이 짙어진 전쟁 말기, 항복을 하기 위해 만남을 가진 것이었다. 그 당시 전쟁 후 패전한 수장은 죽음을 면치 못했다. 리 장군 역시 자신의 죽음을 각오하고 항복하는 자리에 나갔다. 그림에서 보이는 제복과 칼, 깨끗한 장화는 최소한 군인으로서의 자존심을 지키며 마지막을 맞이하려는 리 장군의 의지의 표출이었다.

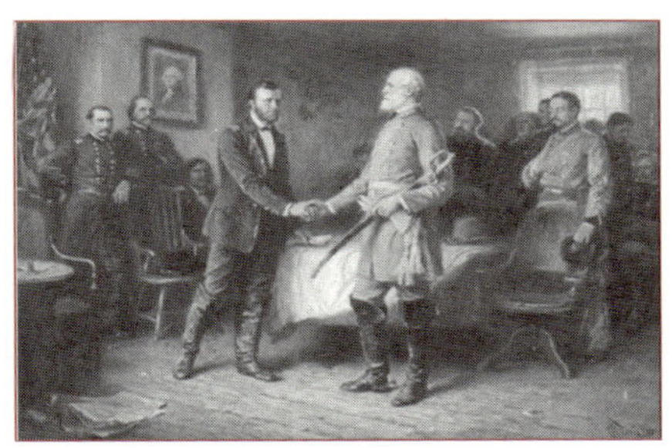

두 장군이 만난 자리에서 드디어 리 장군이 항복을 선언했다. 패전 국으로서 경제적·정치적으로 많은 고통을 겪게 될 것이라고 예상했다. 역시 그랜트는 리 장군에게 요구사항을 말했다. 하지만 그것은 리 장 군이 전혀 상상하지도 못한 단 하나의 조건이었다.

"모두들 집으로 돌아가시오. 패잔병들, 남부군 장교는 타고 온 말과 권총을 가져가도 좋소."

심지어 그랜트는 굶주린 남부군의 패잔병들에게 식량을 제공하면서 집으로 무사히 돌아갈 것을 당부했다. '무사히 돌아가라.' 이 기이한 항 복 조건에 리 장군은 당황할 수밖에 없었다. 목숨을 잃을 각오로 참석 한 리 장군은 예상치 못한 그랜트 장군의 관대함에 감복했다.

그랜트의 요구대로 고향으로 돌아간 로버트 리 장군은 작은 대학의 학장을 지내며 여생을 마무리했다. 전쟁이 끝난 후에도 옛 장교들이 그를 찾아와 북부군을 비난했지만 전혀 동조하지 않았다. 또한 리 장군은 죽기 전까지 워싱턴 D.C를 단 한 번 방문했는데, 이는 그랜트 장군의 대통령 취임을 축하하기 위해서였다.

제1차 세계대전과 남북전쟁 모두 승자와 패자가 명백히 갈린 전쟁이었다. 제1차 세계대전의 연합국은 승자에게 주어지는 경제적·정치적 권리를 마음껏 누린 반면, 그랜트 장군은 승자의 권리보다 더 큰 가치를 생각했다. 그랜트 장군이 지키려고 한 가치는 '통합'이다. 전쟁이 끝났으니 남과 북으로 나뉘어 싸운 세월의 흔적을 조금씩 지워가기를 진정으로 원했던 것이다. 베르사유조약 이후 승자와 패자는 '승리에 도취된 자'와 '복수를 꿈꾸는 자'가 되었지만, 남북전쟁이 끝난 후 승자와 패자는 '통합을 이루려는 자'와 '그를 지지하는 자'로 관계를 맺게 되었다. 장기적으로 하나의 목표를 가진 파트너가 된 셈이다.

좋은 협상가란?

협상의 의미는 계속 진화해왔다. 상대방으로부터 더 많은 이익을 얻는 데 목적을 둔 '분배적 협상'에서 경제적 이익의 공정한 분배를 추구하는 '통합적 협상', 마지막으로 경제적 이익뿐만 아니라 서로 감정적으로 만족할 수 있는 '가치 중심 협상'으로 의미가 변화했다.

그렇다면 이 시대 좋은 협상가는 어떤 사람일까? 내가 원하는 협상 결과만 얻어내는 것이 아니라 협상 결과는 물론, 협상이 끝난 뒤 상대의 마음까지 얻을 수 있는 사람이다. 더 중요한 것은 협상 상대와 싸우지 않는다는 것이다.

협상이 끝난 뒤 상대의 감정을 좋게 만들어, 더 좋은 '관계'의 진전을 갖는 것이 진정한 의미의 협상이다. 협상할 때 자신의 이해관계가 충돌하는 부분에만 초점을 맞추다보면 상대를 적으로 간주하게 된다. 자신의 것을 빼앗으려는 적과 감정적으로 좋게 협상하하기란 지극히 어렵다. 그리고 어느 한쪽이 뺏거나 빼앗길 수밖에 없는 협상이 끝나면 이 둘의 관계는 황폐 그 자체다.

협상을 잘하는 사람들은 논쟁이 되는 이슈에만 집중하기보다 이슈에 얽힌 사람을 이해하고, 상황을 둘러싼 모든 맥락을 고려하여 다각적으로 접근한다. 협상을 그저 조건과 숫자가 오가는 거래로만 생각해서는 안 된다. 협상할 때 상대를 '사람'이 아닌 '조건'으로 대하면 자칫 협박이나 기 싸움으로 변질될 수 있다. 그럴 경우 자본이나 회사의 규모, 알력을 행사해 당장에는 협상에서 큰 성과를 얻을 수 있다. 하지만 멀리 볼 때 대외적인 신뢰나 평판이 한순간에 추락함으로써 더 큰 손실을 감내해야 할지도 모른다. 결국 사람이 중요하다. '사람과 사람이 하는 것'이라는 평범한 진리를 깨달을 때 협상은 제대로 풀린다.

'하수는 승리를 취하고 사람을 잃는 반면 고수는 승리를 넘기고 가치를 얻는다.'

승리보다 더 중요한 것은 사람을 잃지 않는 것이고 그 사람이 나중에 더 큰 가치를 가져올 것이라는 의미를 함축적으로 표현한 말이다.

이와 관련해 《협상은 감정이다》라는 책을 보면 흥미로운 사례가 등장한다. 2010년 한국프로야구 시즌이 끝난 뒤 롯데자이언츠와 이대호 선수 사이에 연봉 협상이 벌어졌을 때의 일이다. 2010년 최고의 시즌을 보낸 이대호 선수는 전년 연봉에서 80% 오른 7억 원을 구단에 요구했다. 그가 제시한 7억 원은 단순한 돈의 의미가 아닌 최고 타자로서의 대우였다. 즉 그는 '자존심을 지켜달라'고 요구한 것이다. 고민하던 구단은 이를 거절했고 구단과 합의점을 찾지 못한 그는 결국 일본으로 이적했다.

대비되는 사례도 있다. 1930년, 프린스턴대학의 에이브러햄 플렉스너Abraham Flexner 원장은 세계 최고의 싱크탱크를 만들겠다는 야심 찬 계획을 세웠다. 그래서 세계 곳곳의 유명 학자들을 스카우트하기 시작했다. 아인슈타인도 그중 한 명이었다. 원장이 편지를 보냈다.

"연봉을 얼마나 드리면 저희 학교로 오시겠습니까?"

당시 독일에서 연구활동을 하던 아인슈타인은 이렇게 회신했다.

"제가 그보다 더 적게 받아야 한다고 생각하지 않으신다면, 3,000달러를 주십시오."

편지를 읽고 잠시 고민하던 플렉스너 원장은 이렇게 답장했다.

"1만 달러를 드리겠습니다."

협상은 당연히 타결되었고, 아인슈타인은 프린스턴대학에 부임했다.

플렉스너 원장이 제안한 연봉은 세상 물정을 몰랐던 아인슈타인이 원하는 것보다 3배 이상 많았다. 당시 미국 교수들이 받는 평균 연봉 7,000달러보다도 훨씬 많았다. 어떤 사람은 말도 안 되는 협상이라고 생각할 수도 있다. 아인슈타인이 요구한 금액은 3,000달러였으니까. 하지만 이것이 진짜 성공한 협상이다. 그 이유는 플렉스너 원장은 1만 달러로 천재 물리학자 아인슈타인의 마음을 사버렸기 때문이다. 아인슈타인이 프린스턴대학에 재직하면서 기념비적인 연구 성과를 만들어내자 하버드대, 예일대 등 미국 유수의 명문 대학들이 그에게 엄청난 러브콜을 보냈다. 하지만 그는 흔들리지 않았다. 죽을 때까지 프린스턴대학을 떠나지 않았다.

인생을 살면서 협상은 계속된다. 하지만 아무리 좋은 협상법이라 해도 실무에서 실행해보면 매번 난관에 봉착하게 된다. 협상 상황이나 상대가 변하며, 수천억 달러짜리 대형 계약을 위한 비즈니스 협상이든 부부간에 이루어지는 일상의 소소한 협상이든 모두 당사자들에게 중요하기 때문이다. 그런 만큼 상대방을 존중하고 서로 윈윈 할 수 있는 협상, 가치를 만들기 위한 협상을 해야 한다. 눈앞의 이익을 거두기에 급급해서 사람을 잃으면 결국 인생이라는 협상에서 지는 것이나 마찬가지다. 상대방과 내가 진정 원하는 것이 무엇인지 접점을 찾아 서로 만족하고, 감동할 수 있도록 배려하고 존중하는 협상을 할 수 있도록 해야 한다. 그러려면 무엇보다 협상에 대한 기존의 고정관념을 깨는 것이 급선무임을 잊지 말자.

Brilliant Tip 협상 원칙 4가지

1. 익숙함으로 다가가라.
협상은 서로 다른 것을 원하는 사람 간의 대화다. 하지만 다름 속에서도 '같음'을 찾는 이들이 진짜 프로 협상가다. 협상에 들어가기 전, 상대와의 공통점을 먼저 찾아라.

2. 한 번의 yes가 또 다른 yes를 만든다.

사람들은 질 것 같은 게임에는 최선을 다하지 않는다. 협상도 마찬가지다. 서로가 잘될 것 같다는 생각을 갖게 하는 것이 중요하다. 쉬운 안건부터 시작해서 성공적인 협상 분위기를 만들어라.

3. 양보도 가치 있게 하라.

팽팽하게 맞서는 상황에서 양측이 적당히 양보를 해야 한다. 이때 그냥 하는 양보는 필요 없다. 상대가 고맙게 느끼도록 다양한 근거를 들며 가치 있게 양보하는 것이 핵심이다.

4. 원칙보다 중요한 것은 없다.

힘이 있을 때는 고개가 뻣뻣하고, 아쉬울 때는 고개를 숙이는 건 하수다. 항상 원칙이 중요하다. 믿음을 주는 협상을 하고 싶다면 한결같이 원칙을 지켜라.

– 최철규·김한솔 지음, 《협상은 감정이다》 중에서

09
요구와 욕구 사이

영화 〈선생 김봉두〉의 주인공 김봉두 선생은 시골 분교로 좌천된 날라리 교사다. 그는 서울에 근무할 때처럼 촌지를 가지고 오는 학부모도 없는 데다가 워낙 작은 동네이다 보니 주민들의 대소사에 낄 수밖에 없어 피곤한 나날을 보내고 있었다.

어느 날, 학생 하나가 헐레벌떡 교실로 뛰어와서는 밖에 싸움이 났으니 선생님이 좀 가서 말려달라고 성화를 부렸다.

싸움이 난 배추밭에 가 보니 남진이 아버지와 성만이 아버지가 핏대를 세우고 싸우고 있었다. 싸운 연유를 들어보니 갈등이 생길만 했다. 남진이 아버지는 비닐하우스에 물을 대야 해서 호스를 설치했는데, 그 호스가 길을 가로지를 수밖에 없었다. 성만이 아버지는 수확한 배추를 읍내에 내다 팔기 위해 경운기를 끌고 나가야 하는데, 길 위에 호스가 있어 밟을 수밖에 없었다고 했다. 호스는 결국 끊어졌고, 두 아버지의 언성은 높아졌다.

김봉두 선생은 두 아버지의 이야기를 가만히 듣다가 묘안을 생각해 냈다. 삽을 하나 들고는 호스가 지나가는 길을 길게 파내더니 호스를 그 아래에 묻었다. 그러고는 그 위에 흙을 덮었다. 당연히 경운기가 밟고 지나가도 호스가 찢어질 염려가 없었고, 물도 하우스로 잘 흘러내려 갔다.

남진이 아버지의 '요구'는 '길 위로 호스를 지나가게 하겠다.'였지만, '욕구'는 '하우스에 물을 대고 싶다.'였다. 성만이 아버지의 '요구'는 '이 길로 경운기를 타고 지나가겠다.'였지만, '욕구'는 '경운기로 배추를 실어 나르고 싶다.'였다. 길 위에 호스가 있을 때는 결코 두 아버지의 싸움이 멈출 것 같지 않더니, 흙길 밑으로 호스를 넣자 머쓱하게 서로를 바라보았다. 김봉두 선생이 두 아버지의 욕구를 정확히 읽어낸 것이다.

상대의 욕구를 알아내라

비즈니스 협상은 말 한마디로 몇 백만 원부터 수백억 원까지 오가는 치열한 협상이다. 김봉두 선생처럼 창의적인 대안을 내기엔 각자의 이해득실 계산으로 너무 치열하다. 하지만 철저한 준비가 선행된다면 수백억 원이 오가는 협상장에서도 모두의 욕구를 만족할 만한 대안을 찾을 수 있다.

예를 들어 품질과 실력으로 정평한 어느 대기업의 자회사 '비타민제과'가 기업 M&A시장에 나왔다. 알 만한 사람은 다 아는 회사였기 때문에 눈독을 들이는 기업이 많았다. 그 중 탄탄한 자본력을 가진 '비단상사'가 앞서 관심을 표명했다. 두 회사의 역량이 합쳐지면 좋은 시너지를 낼 것이라는 전망이 우세했기 때문에 결국 비단상사가 최종 M&A 협상 대상자 명단에 올라가게 되었다.

순조롭게 진행될 것 같았던 이 협상에 문제가 발생했다. 비단상사가 M&A 후 비타민제과에 대대적인 구조조정을 단행할 것이라는 소문이 흘러나왔던 것이다. 비타민제과의 모기업 회장은 자회사 직원들이 고용 불안을 겪지 않기를 바랐다. 그는 비타민제과 협상단에 직원들의 고용 안전을 최우선적으로 확보해야 할 것을 강조했다.

비단상사가 구조조정을 감행하려는 이유는 직원들의 충성도가 걱정되어서였다. M&A 후에 종종 발생하는 구성원들 간의 마찰이나 회사의 정체성 혼란 등은 제품의 품질에 영향을 미칠 뿐만 아니라, 결과적으로 매출 하락으로 직결되기에 비단상사는 충성심을 가지고 일할 수 있는 직원들로 재배치하여 회사를 운영할 작정이었다.

비타민제과 협상단은 원활한 협상을 위해 여러 기업 M&A 사례를 수집하기 시작했다. 그러던 중에 직원들에게 스톡옵션을 지급하는 회사들이 생각보다 많다는 사실을 발견했다.

협상 테이블에 마주 앉은 뒤, 비타민제과는 비단상사에게 한 가지 제안을 했다. 기존 협상 가격인 300억을 270억으로 낮추고, 대신 30억을 스톡옵션으로 하되 이를 직원들에게 돌려주자고 했다. 물론 인위적 구조조정은 불가하다는 조건도 함께 달았다. 비단상사로서는 협상가가 30억이나 뚝 떨어지는 것은 환영할 만한 일이었지만, 구조조정을 할 수 없다는 것이 내키지 않았다. 이런 비단상사의 마음을 정확히 알아차린 비타민제과 협상팀은 스톡옵션을 받은 직원은 회사에 대한 주인

의식이 높아질 수밖에 없고, 품질 보장 또한 가능하다고 설득했다. 직원들 역시 고용 안정을 보장해준다면 일정 기간 동안 야근 수당을 청구하지 않겠다고 약속했다.

'스톡옵션'이라는 새로운 대안으로 두 회사의 협상은 순조롭게 진행되었다. 직원들의 고용 안정을 확보하고 싶었던 회사와 직원들의 충성심을 염려했던 회사가 모두 만족할 만한 대안을 찾은 것이다.

비단상사는 눈독 들이던 회사를 원래 예상가보다 낮은 270억 원에 샀고, 비타민제과의 모기업은 직원을 책임지는 '의리 기업'이라는 이미지를 얻었다. 이는 비타민제과가 비단상사의 욕구를 정확히 읽어냈기에 가능한 일이었다.

'왜'에 집중하라

협상 테이블에서 '무엇'에만 집중하지 말고 '왜'에 집중해야 한다. 상대가 무엇을 원하는지에 너무 초점을 맞추다 보면 왜 원하는지를 놓쳐버리는 우를 범할 수 있기 때문이다. 상대가 무엇^{요구}을 원하는지에 대해서는 타협의 여지가 전혀 없을지라도 왜^{욕구}에 초점을 두면 김봉두 선생처럼 호스 주인과 경운기 주인 모두를 만족시킬 수 있는 해결책이 나타날 가능성이 높아진다.

그렇다면 상대의 욕구를 알아내는 방법은 무엇일까? 당연하게도 상대에게 직접 질문하는 것이다.

"왜 이전보다 거래 가격을 낮추려고 하는 건가요?"

"왜 납기일이 앞당겨져야 하는 겁니까? 다른 이유가 있는 건가요?"

협상에서 좋은 질문이란 첫째, '개방형 질문'을 던지는 것이다. 협상 상대로부터 '예' 또는 '아니오'라는 단순한 대답만을 들을 수 있는 폐쇄형 질문과는 달리 개방형 질문은 상대방으로부터 질문에 대한 자세한 설명을 들을 수 있다. 그래서 개방형 질문은 상대가 자유롭게 의견을 말할 수 있도록 할 뿐만 아니라 상호 간의 대화를 촉진시킨다. 개방형 질문은 일반적으로 '누가, 언제, 어디서, 무엇을, 왜, 어떻게'를 포함한다.

"이번에 구입하는 제품으로 무엇을 하실 계획입니까?"

"프로젝트를 어떤 방향으로 추진할 계획이신가요?"

"이번 협상을 통해 무엇을 얻기를 원하시나요?"

둘째, 유도하지 않는 질문이다. 협상에서 오가는 질문은 상대의 생각을 알고 싶어서 하는 것이지, 자신의 생각을 확인하기 위해 하는 것이 아니다.

끝으로 상대로부터 좋은 답변을 얻지 못한 경우라면 질문의 방향을 바꿔 다시 시도하자. 백전노장의 비즈니스맨에게 단번에 원하는 정보를 얻기란 쉽지 않다. 질문의 방향을 바꾸어가며 상대의 욕구를 파악하는 요령이 필요하다.

배트나를 모르면 협상하지 마라

앞서 말했듯이 좋은 협상이란 상대방의 요구에 얽매이지 않고 욕구를 찾는 것으로, 상대방의 숨겨진 욕구를 자극해서 서로 윈윈하는 것이라 할 수 있다. 하지만 모든 협상이 그럴 수는 없다. 때로는 한쪽이 더 많은 손해를 입기도 하고 때로는 이해관계를 좁히지 못해 결렬되기도 한다. 이럴 때 자신이 가지고 있는 배트나BATNA, Best Alternative To Negotiated Agreement가 얼마나 매력적인지에 따라 그 다음이 달라질 수 있다.

배트나란 뭘까? 협상학에서 아주 중요한 용어로, 배트나는 가장 좋은 조건의 협상이 결렬되었을 때 자신이 가지고 있는 차선책대안을 말한다. 협상을 할 때 '배트나가 있느냐 없느냐'에 따라 갑을 관계가 뒤바뀌기도 한다. 다시 말해 자본이나 규모가 아니라 배트나가 있는 쪽이 '갑', 없는 쪽이 '을'의 위치를 점한다.

당신이 부동산 중개업자라고 가정하자. 집을 사러 고객이 왔을 때 무슨 얘기를 하면 계약 확률이 높아질까? '지금이 최저가다. 언젠가 이 동네 개발된다'. 이런 얄팍하고 허황된 상술은 더는 통하지 않는다. 그 대신 매매할 집 문을 열면서 이렇게 말하면 어떨까. "오늘따라 이 집 보는 분이 많네요. 오전에만 두 분이 보고 가셨어요." 이 말을 듣는 순간, 집을 구매하려는 사람매수자은 왠지 모를 초조함을 느끼게 될 것이다. 때마침 이때 중개업자에게 이런 전화가 온다면? "아~ 오전에 집 보고 가신 분이군요. 지금 다른 손님이 보고 계신데, 30분 있다가 제가 다시 전화드릴게요." 집을 본 후 매수자는 일단 가계약금이라도 먼저 지불할 확률이 그만큼 높아진다.

흔히 부동산 중개업자를 '을', 매수자를 '갑'으로 여기지만 이 경우는 매수자가 다수임으로 대안이 무척 많다. 이게 바로 배트나의 힘이다.

협상에서 배트나의 힘이 얼마나 강력한지를 보여주는 대표적 예로 청계천 협상을 들 수 있다. 2002년 서울시가 청계천 복원 공사를 선언했을 때 대다수는 불가능하다고 전망했다. 상인들의 반발이 너무 큰 데다가 수조 원의 보상금이 필요했다. 이때 서울시는 나름의 당근책을 제시했다. '송파구에 부지를 마련해줄 테니 거기서 장사할 수 있도록 지원하겠다.' 하지만 상인들은 꿈쩍도 하지 않았다. 결국 서울시는 이렇게 제안했다. '좋습니다. 협상은 결렬됐고 청계천 복원을 포기하겠습니다. 그 대신 아시죠? 전임시장 때 청계고가가 너무 낡아서 안전에 문제가 있다는 조사 결과가 나왔습니다. 이번 기회에 청계천 고가를 3년에 걸쳐 전면 보수하겠습니다.'

무슨 의미인가? 만약 이렇게 협상이 결렬되고 3년간 청계고가 보수 공사에 들어간다면 어차피 교통은 통제되고, 상인들은 장사하기 힘들어진다. 문제는 공사가 시민들의 안전을 위한 공사이기 때문에 상인들 입장에서는 반대할 명목도 없었다. 결국 상인들은 어차피 3년간 생업에 지장을 받느니, 차라리 서울시 지원을 받는 것이 낫겠다고 판단했고, 결국 협상은 타결됐다.

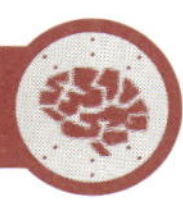

협상학에서는 배트나를 제대로 활용하기 위해서 3가지 원칙을 지키라고 말한다.
첫 번째, 나의 배트나가 좋을 때는 무조건 알려야 한다.
두 번째, 제3자를 이용해 은근히 알려야 한다. 너무 직접적으로 배트나를 알리면 상대방 입장에서는 불쾌한 뉴스다. 그 때문에 상대방과의 관계가 훼손될 수 있다.

세 번째, 시간의 함수를 고려해야 한다. 나의 배트나가 좋고 상대의 배트나가 별로라면 협상을 최대한 지연시킬 필요가 있다. 시간이 갈수록 상대는 더 많은 것을 양보할 것이기 때문이다. 반면에 나의 배트나가 별로이고 상대의 배트나가 좋다면 협상을 신속히 진행할 필요가 있다.

어떻게
살아남을 것인가

01
엇갈린 선택의 결과들

영화 〈어바웃 타임〉의 주인공 팀은 모태솔로다. 신년 축하파티와 함께 성인이 된 날 아침, 팀은 아버지로부터 놀라운 이야기를 듣는다. 그 집안 남자들이 대대로 '과거로의 시간여행'을 할 수 있는 능력을 가졌다는 것이다. 혼자 있을 때 돌아가고 싶은 과거를 생각하면 그때로 돌아갈 수 있다는 것이 아버지의 설명이었다. 물론 팀은 이 말을 처음부터 믿지는 않았다. 속는 셈 치고 장롱 속에 들어가 전날 밤의 신년 축하파티를 떠올리자, 놀랍게도 팀은 정말로 전날 밤으로 돌아가 있었다.

특별한 능력을 알게 되었지만 팀의 삶은 크게 달라지지 않았다. 시간여행 능력으로 평생소원이던 여자 친구를 만들어보려고 노력했지만, 상대의 마음을 얻기는 쉽지 않았다. 팀은 결국 여자 친구 만들기를 포기하고 일자리를 찾아 영국으로 떠났다. 그런데 그곳에서 드디어 운명의 여인 메리를 만나게 되었다.

첫눈에 메리에게 반해버린 팀은 자신의 능력을 한껏 발휘해 메리의 마음을 흔들기 시작했다. 모태솔로 팀의 어설픈 대시에 메리가 당황할 때마다 팀은 시간을 되돌렸다. 똑같은 상황을 반복하고 또 반복해서 메리가 만족할 때까지 대시했다. 연애 경험이 전무한 어설픈 남자였지만, 팀은 '시간 되돌리기' 능력으로 완벽한 남자가 되어 있었다. 결국 그는 모태솔로 생활을 청산하고 사랑하는 여자와 결혼에 골인했다.

현실은 어떤가. 우리는 '무엇을 먹고 입을지', '어떤 말을 할지'와 같은 가벼운 선택부터 '불만을 제기한 고객에게 어떤 방법으로 대응할지', '상사에게 보고할 기획서에서 핵심 메시지를 무엇으로 선정할지' 등 생존과 연관된 선택까지 하루에도 셀 수 없이 많은 선택을 한다. 또 그 선택에 대해 누구나 '직전으로 돌아갈 수 있다면 다른 선택을 했을 텐데, 더 잘할 수 있었을 텐데…'라며 수없이 후회를 하지만 결코 팀처럼 시간을 되돌릴 수 없다. 그렇기 때문에 그만큼 선택에 신중을 기해야 한다.

위기를 부른 선택의 순간들

비즈니스에서도 선택의 순간은 항상 발생한다. 그런데 사업의 성공과 실패, 기업의 존재와 폐업을 결정짓기도 하는 비즈니스의 선택들은 단순히 무엇을 먹고, 입을지의 문제와는 전혀 차원이 다르다.

오늘날은 빠르게 변화하는 비즈니스 환경 때문에 선택의 순간이 더 자주 찾아온다. 새로운 트렌드라고 해서 실컷 따라가면 이미 한물가고 만다. 그러다 보니 어떤 트렌드가 올지, 어떤 경제적 이슈가 발생할지 예측하기 힘들다. 이런 상황에서는 한 번의 선택이 회사의 운명을 바꾸어놓는다.

프리챌은 2001년 대한민국에서 가장 인기 있는 커뮤니티였다. 당시 인터넷서비스 시장에서 메일은 다음, 채팅은 세이클럽, 친목 커뮤니티는 프리챌로 대표되었다. 이런 인기에 힘입어 프리챌은 110만 개의 커뮤니티를 보유한 최대 사이트가 되었다.

지나친 자신감 때문이었을까? 승승장구하던 프리챌은 2002년에 돌연 서비스 유료화 결정을 내렸다. 프리챌의 이런 선택은 당시 인터넷서비스 산업에서 최초로 있었던 일이다. 프리챌은 월 3,000원의 이용료를 내야 하는 일종의 월세제도 시행을 발표했다. 더 나은 서비스를 담보했지만 그동안 무료로 이용하던 사람들에게 유료화는 아닌 밤중에 홍두깨였다. 이미 커뮤니티에서 공유되고 있는 수많은 사진과 글, 추억을 담보로 프리챌이 인질극을 벌인다며 강하게 항의하는 등 이용자들의 반감은 날로 커졌다.

이런 혼란과 반감 속에 '싸이월드'가 등장했다. 당시 사업을 막 시작한 벤처기업 싸이월드는 '평생 무료 서비스'를 전면에 내세웠다. 서비스 유료화로 인해 프리챌에 반감을 가지고 있던 이용자들은 싸이월드의 등장을 환영했다.

1991년 창업한 싸이월드는 클럽 서비스를 중심으로 시작되었지만 다음이나 프리챌, 아이러브스쿨에 밀려 빛을 보지 못하고 어려움을 겪고 있었다. 그 후 클럽 중심 서비스에서 미니홈피라는 개인 홈페이지 서비스로 변화하면서 시장을 장악할 기회를 엿보고 있었다. 그때 마침 프리챌 사건이 터지면서 상대적으로 사람들의 주목을 끌었다. 몇 년 전만 해도 프리챌의 경쟁 상대가 되지 못했던 싸이월드가 순식간에 상황을 역전시킨 것이다.

결국 2011년 프리챌은 파산신고를 했다. 실수를 만회하려고 '마이홈피' 같은 서비스를 내놓기도 했지만 이미 엎질러진 물을 주워 담을 수는 없는 지경에 이르렀다. 프리챌이 경영난을 겪는 동안 다음과 네이버가 포털사이트의 양강 체제를 구축하면서 상황은 더욱 악화되었다.

만약 프리챌이 2003년에 유료화 정책을 선택하지 않았더라면 대한민국의 산업지도는 달라졌을까?

프리챌 창업자 전제완 씨는 "시간을 되돌린다고 하더라도 서비스의 유료화 결정에는 변함이 없을 것"이라고 언급했지만 결과적으로는 파산이라는 최악의 선택지를 집어든 것이었다.

잘못된 선택들이 누적되어 몰락한 사례가 미국에도 있었다. 1970년대 K마트는 미국 전역에 1,000여 개의 매장을 낸 미국 최대 할인 판매점이었다. 엄청나게 많은 매장을 보유해서 할인 판매업계의 '칭기즈칸'으로 불릴 정도였다. 공격적 경영에 어느 누구도 대적할 재간이 없어 보이던 K마트는 대금 연체와 잇단 자금조달 실패로 결국 파산하고 말았다. K마트가 몰락한 직접적인 원인이 현금 유동성이 원활하지 않았기 때문이라고 하지만 사실 몰락의 전조는 연속된 '선택의 실패'에서 찾을 수 있다.

문제는 1970년대 후반부터 시작되었다. 선두업체였던 K마트는 경쟁업체들에게는 선망의 대상이 되었다. 경쟁사들은 끊임없이 K마트의 핵심역량을 모방하며, 업계 최고의 기업을 뛰어넘을 수 있는 방법들을 모색했다. 하지만 새로운 경영진은 K마트를 처음 구상한 해리 커닝햄 Harry Cunningham 의 '상시 저가정책'을 망각한 채 매장 확보에만 열을 올렸다. 잘못된 선택이 시작된 것이다.

매장 수를 늘리면서 생긴 리스크는 다른 것으로 채워야 했다. K마트는 마진율이 높은 PB제품을 늘려갔고, 이는 '브랜드 상품'을 저렴하게 공급한다는 초창기의 기획 의도를 흐렸다. 또한 신규 점포 개설에만 몰두하는 바람에 기존 점포 관리는 소홀히 했다. 그 결과 어두운 실내, 촌스러운 진열방식으로 고객들에게 외면당했고, 심지어 부실한 재고관리로 재고가 바닥나는 초유의 사태가 벌어지기도 했다. 초창기 K마트는 '대형매장'을 고수했다. 하지만 새로운 경영진들은 이 전략마저도 포기해버렸다. 소규모 매장의 개수도 공격적으로 늘린 것이다. 작은 매장에는 자연히 상품 구색이 볼품없었다. 소규모 매장을 확대한 결과 점포 수는 늘었지만 이윤은 감소하는 처절한 성적표를 받아봐야 했다.

문제의 심각성을 인식한 K마트는 조지프 안토니니 Joseph Antonini 를 영입해 야심차게 업계 최고의 자리를 노렸다. 변화의 상징으로 회사 로고인 붉은색의 K마크를 크게 표시한 후 이를 빅 Big K마트라고 명명했다.

안토니니의 첫 번째 선택은 '재고관리 혁신'이었다. 많은 돈을 투자해 재고관리 시스템을 자동화했고, 인원 감축과 부실 점포 정리를 단행했다. 하지만 투자금에 비해 효과는 미미했다. 재고관리는 여전히 잘 되지 않았고 고객들은 K마트에 와서도 찾는 물건이 없어 돌아가야만 했다.

두 번째 선택은 사업다각화 전략이었다. 안토니니는 다른 전문 유통업체를 인수하여 할인유통과 전문유통을 결합하는 사업을 구상했다. 1988년에는 사무용품 전문매장을 설치했고, 1989년에는 K마트의 주 사업인 할인유통업과 식품유통업을 결합하면서 많은 투자를 단행했다. 1990년에는 스포츠전문 유통업체를, 1992년에는 추가적으로 서적 전문 유통업체까지 인수했다. 그러나 이러한 사업다각화는 K마트의 핵심 사업인 할인유통업과 시너지 효과를 창출하지 못했다. 심지어 주 사업인 할인유통업의 입지는 더욱 약해졌다.

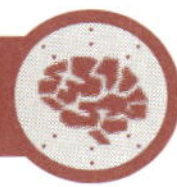

Brilliant Tip   어떤 선택을 할 것인가?

시골의사 박경철의 책 《자기혁명》은 직장인이 자신의 경력을 위해 어떤 선택들을 해야 하는지 조언해주고 있다. 그 중 몇 가지를 소개하면 다음과 같다.

1. 상황의 노예가 되지 마라.
환경이 나에게 선택하도록 강요하게 만들지 말고, 스스로 상황을 만들어가야 한다. 자신이 원해서 온 팀도 아니고, 상사를 고를 수도 없었다고 한탄하는 사람은 많다. 하지만 뛰어난 사람들은 적절한 타이밍에 팀 이동에 대한 의사를 밝히고, 해당 팀장과 좋은 관계를 유지한다. 물론 역량을 계속 어필하는 노력도 게을리하지 않는다.

2. 선택은 목표로 가는 길 위에서 하라.
쉽게 현재를 포기하고 다른 길을 선택하는 것은 옳지 않다. 지금 하는 일에 대한 노력의 부족을 감추기 위해 '나는 이 일에 재능이 없어', '이 일은 재미가 없어'라고 변명하는 건 아닌지 냉철히 돌아봐야 한다. 도피는 선택이 아니다.

3. 경력 단절은 위험하다.

다른 곳에 뛰어들고 싶다면, 그 일을 지금 하는 일보다 더 잘할 수 있을 만큼
준비가 되어 있을 때까지 기다려야 한다. 선택의 순간은 때가 되어야 온다.

02
알렉산더 딜레마

대한민국에 오디션 프로그램 열풍을 몰고 온 〈슈퍼스타K〉가 시즌 5를 넘어가면서 고전을 면치 못하고 있다. 시즌 5에서는 '역대 최연소 참가자 우승'이라는 스토리가 만들어졌지만, 이를 모르는 사람들이 더 많다.

〈슈퍼스타K〉 시즌 2의 시청률은 케이블 방송 역대 최고치인 20%를 달성했다. 젊은 사람들은 모였다 하면 지난주 슈스케**〈슈퍼스타K〉의 약어** 이야기를 나눌 정도로 선풍적인 인기를 끌었다. 하지만 〈슈퍼스타K〉가 초반 시즌의 성공 방식을 그대로 시즌5까지 유지하면서 시청자들은 피로감을 느꼈다. 〈슈퍼스타K〉를 스타덤에 올린 심사위원의 심사방식, 참가자 개개인의 사생활을 부각한 스토리텔링 등은 더 이상 시청자의 흥미를 유발시키지 못했다. 시청자들은 '좀더 색다른 것'을 원했으나 〈슈퍼스타K〉는 도통 변화를 시도할 생각을 하지 않았다.

성공했던 과거의 경험이 현재의 선택에 도리어 장애물로 작용한 케이스다. 변화의 흐름과 별개로 과거의 성공 방식에 집착하면 뒤처지는 건 순식간이다. 이소룡이 가고 성룡이 왔고, 벽돌폰이 가고 스마트폰이 사람들의 손과 눈을 지배하는 것처럼 말이다.

과거는 과거일 뿐

성공신화를 이어온 모토로라가 처음 흔들리기 시작한 것은 20년 전으로 거슬러 올라간다.

1995년 조개껍질을 본떠 만든 세련된 디자인의 '스타텍 StarTAC' 출시를 앞두고 모토로라는 한껏 고무되어 있었다. 당시의 무선통신 시장이 디지털 기술로 이동하고 있음에도 불구하고 여전히 4,300만 명 이상의 아날로그 소비자가 있는 한 아날로그폰 스타텍의 성공을 막지 못할 것이라고 판단했던 것이다. 출시 초 그들의 예상대로 스타텍은 어느 정도 성공을 거두었고, 이를 계기로 모토로라의 확신은 견고해졌다. 뒤이어 내놓은 레이저 RAZR 마저 히트를 치자, 모토로라는 디지털 기술에는 관심조차 두지 않았다.

여세를 몰아 레이저의 후속 제품도 시장에 나왔다. 레이저의 짝퉁인 것처럼 비슷한 모양에 비슷한 기능을 탑재했다. 모토로라가 과거의 성공에 얼마나 자만했는지 여실히 보여주는 사건이었다. 하지만 소비자들의 반응은 이전과 확연히 달랐다. 1990년대 중반까지 50%에 육박하던 세계 1위 휴대전화 제조사 모토로라의 시장점유율은 1999년에는 17%까지 추락했다. 시장조사기관인 로아 ROA 그룹은 모토로라의 몰락에 대해 '클래식 전통에 집착하다 시장의 흐름을 따라잡지 못했다.' '레이저'의 성공이 모토로라의 발목을 잡은 것'이라며 혹독한 평가를 내렸다. 과거의 성공 방식을 답습한 대가였다.

반대의 기업도 있다. 바우어스&윌킨스Bowers&Wilkins, 이하 B&W는 절체절명의 순간에 과거를 버리고 더 크게 성장한 회사다. B&W는 음악 애호가라면 한 대쯤은 꼭 가지고 싶어 하는 최고의 스피커를 제조하는 회사다. 거실에 커다란 스피커를 설치해 음악을 듣는 행위 자체를 교양과 낭만을 겸비한 사람들의 문화로 여기는 트렌드와 더불어 엔터테인먼트 사업이 활성화되면서 성공가도를 달렸다.

그런데 영원할 것만 같았던 B&W의 전성기에 위기가 닥쳤다. 애플의 아이팟이 대히트를 치면서 디지털 음악의 시대가 열린 것이다. 사람들은 CD보다 MP3로 음악을 다운받아 듣고 싶어 했다. 더는 웅장한 스피커는 필요하지 않았다. 손안의 작은 기계에 소형 이어폰을 꽂아 이동하면서도 듣고 싶은 음악을 마음껏 들을 수 있게 되자 B&W는 역사 속으로 곧 사라질 위태로운 운명에 처하게 되었다.

다른 스피커 제조업체들은 애플이 몰고 온 위기를 감지한 후, 약속한 듯이 잇달아 MP3의 저급한 음질을 비난하고 나섰다. MP3의 음향 시스템이 정밀한 스피커 기술과 비교도 되지 않는다는 것이 그들의 공통된 주장이었다. 실제로 당시 제공되던 MP3용 음원파일들은 음질에 대한 관리가 부실한 상황이었다. 또 고급 이어폰 개발이 활성화되기 전이라 이런 비난들은 어느 정도 공감을 얻었다.

B&W도 여느 스피커 제조업체들과 같은 상황에 처해 있었다. 하지만 B&W는 다른 선택을 했다. 우선 자신들의 본업에 대해 진지하게 다

시 들여다보았다. '스피커를 만드는 제조회사'인 것은 맞지만 스피커를 만들기 위해 존재하는 회사는 아니었다. '사람들이 좋은 음악을 왜곡되지 않게, 최상의 상태로 듣도록 돕는 것', 그것이 회사의 존재 이유였다. 본업에 대한 정의를 재확인하고 나니 굳이 디지털 음악 시대에 저항할 필요가 없었다. B&W는 '변화에 저항하기보다 변화의 흐름에 발을 맞추자'는 선택을 하기에 이르렀다.

그 후 B&W는 제일 먼저 무엇이 디지털 음악 시대를 이끌고 있는지 탐색했다. 애플은 음악 애호가들로부터 '혁명은 애플 이전과 이후로 나뉜다'는 말을 들을 정도로 획기적인 변화를 가져온 기업이었다. 음악을 사고, 팔고, 듣는 방식을 완전히 바꿔놓았기 때문이다. 하지만 애플이 할 수 있는 것은 거기까지였다. 뛰어난 음악을 전달하는 하드웨어는 소프트웨어만큼 획기적이지 못했다.

B&W는 이 점을 간파했다. 아이팟의 유행으로 여러 기업들이 앞다투어 저렴한 아이팟용 스피커를 쏟아냈다. 애플도, 다른 스피커 제조업체들도 '아름다운 음악'을 재현하는 데에는 별다른 관심이나 노력을 기울이지 않았던 것이다. B&W는 재빠르게 아이팟용 프리미엄 스피커 '제플린 Zeppelin'을 개발하고 생산했다.

사람들은 제플린을 열렬히 환영했다. 디지털 음악에는 매료되어 있지만 부실한 스피커로는 충족되지 않는, 고급 음질에 대한 욕구를 B&W가 건드렸던 것이다. 시중에 판매되는 다른 아이팟용 스피커보다 가격은 두 배 이상 비쌌지만 사람들은 제플린의 가치를 인정했다.

그 이후에도 B&W는 아이팟, 아이폰 사용자들을 위한 헤드폰 시장을 꾸준히 개척했다. 두 회사의 제품들은 시너지를 일으켰다. 이는 디지털 음악이 주류가 된 시대의 흐름에 저항하지 않고 오히려 변화의 주역인 애플 제품들이 더 빛나게 만들어주었기 때문에 가능한 일이었다. 그리고 과거의 성공에 연연해하지 않고 시의적절하게 모습을 바꾼 노력 덕분에 위기를 기회로 바꾼 좋은 사례이기도 하다.

알렉산더 딜레마

아테네에서 인도까지 파죽지세로 치달았던 알렉산더 대왕은 전투가 끝날 때마다 멈출 것인지, 더 전진할 것인지 선택의 기로에 섰다고 한다. 피로가 쌓인 군대와 새로운 전쟁에 대한 의지 사이의 딜레마였다. 알렉산더 대왕이 딜레마에 대처하는 자세는 일관됐다. 항상 미지를 향해 나아가는 도전을 택한 것이다.

알렉산더 대왕의 선택은 무모할 수도 있었다. 하지만 그 선택이 위대한 이유는 자신이 선택한 도전을 끝까지 밀고 나간 의지 때문이다. 급작스런 죽음만이 알렉산더 대왕의 도전을 멈출 수 있었다. 나아갈 것인가, 지킬 것인가! 선택의 기로에 섰던 알렉산더 대왕의 고뇌에 대해 오늘날 전략가들은 '알렉산더 딜레마'라고 이름 붙였지만 정작 알렉산더 대왕은 과감한 추진력으로 딜레마를 돌파했고 거기에서 자유로웠다.

변화는 어디에서든 일어난다. 그래서 우리는 크게는 사회적인 구조나 트렌드 변화를, 작게는 회사 내의 새로운 시스템 도입이나 조직 개편 등과 같은 변화를 계속 직면하게 된다. 즉 일상 속에서도 '알렉산더 딜레마'의 상황이 끊임없이 발생하는 것이다. 이때 딜레마에서 빠져나

오기 위해서 대부분의 사람들이 자신에게 익숙한 방법들을 선택한다. 하지만 이는 잘못된 선택이다. 가장 효과적으로 딜레마를 벗어나는 방법은 궁극적인 목적을 상기하는 것이다. 사양길로 접어든 스피커 제조업에서 과감하게 벗어날 수 있었던 것은 B&W가 사람들에게 최고의 음질을 전달하는 것이라는 사실을 직시했기 때문이다. 그리고 변화를 위해 기꺼이 도전을 했고, 결과는 성공적이었다. 알렉산더 딜레마에 빠졌을 경우 변화를 하느냐 마느냐가 아니라 지금 내가 '무엇을 위해서' 변화해야 하는가를 먼저 질문해보자. 그러면 쉽고 현명하게 딜레마에서 빠져나올 수 있을 것이다.

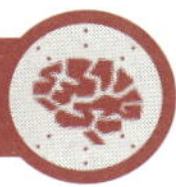

Brilliant Tip 과거를 대하는 자세

과거는 지혜를 주지만 해답을 주지는 않는다. 변화의 흐름을 타지 못한 브랜드들은 과거의 영광에도 불구하고 1년에도 수십 개씩 사라지고 있다.

1. 코닥필름
상업적으로 성공한 첫 번째 컬러필름으로 디지털카메라가 보편화되면서 2008년 사라졌다.

2. 마이크로소프트의 엔카르타
1993년 출시된 디지털 멀티미디어 백과사전으로 누구든지 자유롭게 쓰고 수정할 수 있는 위키피디아에 밀려 2009년 서비스를 종료했다.

3. 림(RIM, 블랙베리)
스티브 잡스가 2007년 아이폰을 처음 선보였을 때, 림 엔지니어들은 잡스가 기능에 대해 거짓말을 하고 있다고 주장했다. 배터리 기술과 3G네트워크 환경은 계속 발전하고 있는데도 림의 엔지니어들은 여전히 배터리와 데이터 사용량을 줄이는 데만 급급했다. 결국 그들은 아이폰 열풍을 손 놓고 바라볼 수밖에 없었다.

03
변화 주도자의 자세

1981년, 케이블방송 채널 MTV는 듣는 음악 방송이라는 획기적인 '음악 전문 채널'을 표방하며 출사표를 던졌다.

MTV에 처음 소개된 뮤직비디오는 영국 그룹 버글스Buggles의 '비디오가 라디오 스타를 죽였네Video Killed the Radio Star'였다. 노래 제목처럼 MTV는 라디오로만 듣던 음악의 개념을 완전히 바꿔놓았다. 시청자들은 눈으로 보는 음악 방송이라는 새로운 영역에 환호했다. MTV를 통해 'VJ'라는 개념이 탄생했고, 음악 관련 행사와 소식, 프로모션 등을 팬들과 아티스트가 함께 공유할 수 있는 새로운 공간이 마련되었다.

30년 이상의 역사를 자랑하는 MTV는 이제 리얼리티 쇼, 패션, 생활 등 다양한 영역을 다루는 전문 케이블 채널로 자리 잡았다. 빠른 변화의 흐름에 맞춰 자신의 모습을 영리하게 바꾸었기에 가능한 일이다.

MTV가 탁월한 변화 대처 능력으로 성공한 기업이라면 변화를 스스로 만들어낸 기업도 있다. 후자의 경우 성공궤도에 오를 경우 신규 분야를 창출함으로써 선두주자가 누릴 수 있는 엄청난 대가를 얻게 된다.

사람들은 왜 카카오톡에 열광하는가

카카오톡은 사람들의 생활을 완전히 바꿔놓았다. 도대체 카카오톡이 없던 시절에는 어떻게 연락하고 지냈는지 기억조차 안 날 정도로 이제는 '카톡해', '카톡으로 보내줘'라는 말이 익숙하다. 카카오톡의 성공 이후 유사 후발주자들이 우후죽순 생겨나 시장에 도전했지만 아직 성공한 사례는 없다.

카카오톡은 처음 모바일 산업에 뛰어들기로 작정한 후, 다른 SNS와의 차별화를 위해 고심했다. 이제범 카카오 공동대표는 "PC가 검색 중심의 시장이라면 모바일은 커뮤니케이션 중심의 시장이 될 것으로 봤다."고 한 인터뷰 자리에서 말했다. 즉 PC와 모바일의 차이점을 확연히 구분한 것이다. 실제로 PC 사용자들은 포털사이트나 블로그 등 인터넷을 활용한 정보수집에 목적을 두었다면 모바일 사용자들은 가까운 지인들과의 인맥 관리에 중점을 두고 있었다. 카카오톡은 이 점에 착안하여 단순하지만 중독성 있는 서비스를 내놓았다.

변화의 흐름을 빠르게 읽은 것도 성공에 큰 몫을 했다. 카카오톡은 피처폰에서 스마트폰으로 옮아가는 순간을 놓치지 않았다. 그 덕분에 재빠르게 시장에 진입해 초기 스마트폰 사용자들의 마음을 사로잡을 수 있었다. 그 외에도 카카오톡은 다양한 방법을 시도했다.

우선 디자인을 단순화했다. 인터넷 포털사이트처럼 카페, 블로그 등의 많은 기능을 넣지 않기로 했다. PC에서 하던 일을 굳이 작은 스마트폰으로 할 필요가 없다고 판단했기 때문이었다. 스마트폰은 모바일 기기다. 따라서 모바일에서 이용하는 서비스는 PC와 성격이 달라야 했다. 그래서 카카오톡은 피처폰의 문자메시지와 인터넷 메신저의 장점을 결합한 단순한 인터페이스를 구현했다.

기존 피처폰의 문자 전송 방법과 동일하게 메시지를 주고받을 수 있는데다 인터넷 채팅을 하는 것처럼 편리하게 메세지 창을 구현했다. 이처럼 익숙하고 단순한 인터페이스는 사람들이 쉽게 카카오톡을 사용하도록 유도했다.

개인정보 유출에 대한 두려움도 없애주었다. 페이스북이나 트위터 같은 SNS를 사용하기 위해서는 가입할 때 출신 학교, 이메일 주소 등 개인정보를 제공해야 했다. 하지만 카카오톡은 가입 시 사용자의 전화번호 외에는 그 어떤 정보도 요구하지 않았다. 게다가 다른 SNS와 달리 로그인 과정을 없앴고, 친구 추가는 동기화로 자동화했다. 자신의 전화번호 하나만으로도 가입과 사용이 가능하고 별도의 로그인이 필요 없다는 사실은 초기 스마트폰 사용자들에게 매력적인 요소로 작용했다.

사람들은 아무리 혁신적인 것이어도 불편하면 사용하지 않는다. 물론 소수의 마니아가 생겨날 수는 있겠지만 보편화되거나 대중화되지는 못한다. 컴퓨터 드보락Dvorak 키보드가 그런 경우 중 하나였다. 드보락 키보드는 1932년 어거스트 드보락August Dvorak 박사가 고안한 영어 자판이다. 이 키보드는 실제로 사용하는 영어 실정에 맞춰 글쇠 배열을 했기 때문에 기존의 쿼티Qwerty 키보드에 비해 입력 오류의 감소, 타이핑 속도 향상, 타이핑 시 피로 감소 등의 장점을 가지고 있었다. 하지만 사람들은 이 새 키보드를 쓰려면 손에 익은 기존의 타자 방법을 포기해야 했다. 새로운 타자 방식을 익혀야 한다는 불편함으로 인해 사람들은 기존의 쿼티 키보드를 계속 사용했고 결국 드보락 키보드는 소비자의 저항에 부딪쳐 실패하고 말았다.

대기업도 제친 30세 주부의 열정

달콤한 믹스커피에서 씁쓸한 아메리카노로 사람들의 입맛이 옮아가는 데 10년이 걸렸다. 그런데 요즘 사람들의 손에 아메리카노 대신 버블티Bubble Tea가 들려 있는 광경을 자주 목격할 수 있다.

세계적인 음료인 버블티를 한국에 들여와 열풍으로 이끈 사람은 젊은 주부 김여진 대표다. 결혼 후 남편의 업무 때문에 싱가포르에서 생활하던 그녀는 그곳에서 '공차Gong Cha, 대만 전통 밀크티 전문점'가 만든 버블티 맛에 푹 빠지고 만다. 그리고 한국에 꼭 버블티를 소개하겠다고 결심하게 된다.

한국으로 돌아올 무렵 그녀는 공차 측에 한국 판권을 사고 싶다며 접촉했다. 하지만 이미 한국의 대기업들이 경쟁에 뛰어든 뒤였다. 포기할 법도 한데 그녀는 이에 아랑곳하지 않고 본사와 협상을 벌였다. 그리고 1년 만에, 공차의 한국 판권은 대기업이 아닌 이 젊은 주부에게 넘겨졌다. 공차와 계약을 하던 2011년 당시 그녀는 29세였다.

2012년 4월 홍대점을 오픈한 이후 불과 2년 만에 전국에 200개가 넘는 매장이 문을 열었다. 그녀는 공차를 들여올 때 방부제와 색소를 빼

달라고 요구했다. 원재료의 부패를 막기 위한 조치라는 건 백 번 이해가 가지만 엄마 입장에서 색소나 방부제가 든 음식을 아이나 고객들에게 먹일 수는 없다는 것이 이유였다. 결국 공차는 한국 주문분만 생산하는 공장을 별도로 운영하기로 했다. 엄마의 진심이 통한 것이다.

그녀의 노력은 여기서 끝이 아니다. 본사와 달리 한국에서는 테이크아웃 점포가 아닌 카페형 매장 위주로 점포를 운영했고, 인삼이나 생타로 등 한국인의 취향을 겨냥한 메뉴를 출시해 국내 소비자의 입맛을 사로잡았다.

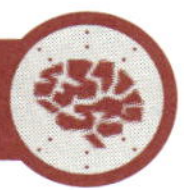

Brilliant Tip　당신의 회사가 있는 곳은 '어디'인가?

경쟁 우위를 확보하기 위해서는 내부 역량 차원의 강점과 약점, 외부 환경 관점에서의 기회와 위협 등 각 영역을 유기적으로 평가해야 한다.

분석 단계 1: 각 영역을 도출하기 위한 주요 질문들

Strength(강점)	Weakness(약점)
• 우리 회사의 핵심 우위는? • 고객이 생각하는 우리 회사의 강점은? • 우리 회사는 희귀한 자원을 보유했는가?	• 우리 회사에는 개선 영역이 존재하는가?
Opportunity(기회)	**Threat(위협)**
• 시장의 변화는 어떠한가? • 기술 및 고객의 변화는?	• 경쟁사는 무엇을 하고 있는가? • 재무적인 고려사항은 무엇인가?

(예) 패스트 패션 업계

Strength(강점)	Weakness(약점)
• 저렴한 가격 • 빠른 트렌드 반영	• 글로벌 소싱과 관련된 부정적 이미지 • 모방패션이라는 인식
Opportunity(기회)	Threat(위협)
• 경기 불황으로 저렴한 옷에 대한 수요 급증	• 경기 불황이 심해질 경우 저가 의류마저 안 팔리는 상황이 발생할 가능성이 있음

분석 단계 2: 영역 간 분석을 통한 전략적 시사점 도출

		내부 역량 요소	
		Strength(강점)	Weakness(약점)
외부 환경 요소	Opportunity (기회)	**S-O 전략** 강점을 살려 기회를 포착	**W-O 전략** 약점을 극복해 기회로 활용
	Threat (위협)	**S-T 전략** 강점을 이용해 위협을 회피	**W-T 전략** 약점을 보완해 위협을 회피

04
본질의 단순함

1853년 브레이크 달린 엘리베이터를 처음 개발한 오티스는 꾸준히 기술력에 집중했다. 하지만 아파트 입주민들은 엘리베이터와 관련해 끊임없이 불만 사항을 제기했다. 그중 엘리베이터의 속도가 너무 느리다는 불만이 가장 많았다. 도저히 불편함을 참지 못한 주민들과 아파트 관리인, 그리고 오티스 관계자가 한자리에 모여 반상회를 열었다. 비용이 들더라도 다른 엘리베이터로 교체하자는 의견이 여기저기서 나왔다. 하지만 당시 기술로는 주민들을 만족할 만한 속도의 엘리베이터는 구할 수 없었다. 무엇보다도 안전성이 확보되면서 빨라야 했으니 어쩔 도리가 없었다.

결국 '느린 속도'를 개선해야 한다는 목소리는 높았지만 아무도 해결책을 내놓지 못했다. 그때 아파트 관리인이 조심스럽게 말을 꺼냈다.

"엘리베이터 속도가 문제가 아니라, 엘리베이터 안에서 보내는 시간을 낭비라고 느끼는 게 문제가 아닐까요?"

그 말에 사람들은 이구동성으로 엘리베이터 안에서 보내는 시간이 너무 지루하고 아깝다고 했다. 목적지 층에 다다를 때까지 마냥 엘리베이터 문만 쳐다보고 있자니 답답하다는 이야기도 나왔다. 갑자기 '느린 속도'에서 '낭비되는 시간에 대한 불만'으로 화제가 바뀌었다. 그러자 해결책이 나왔다. 바로 '거울'이다.

반상회 이후 엘리베이터에 거울을 부착하면서 거짓말처럼 주민들의 불만은 수그러들었다. 사람들은 엘리베이터 안에서 화장도 고치고, 옷 매무새도 확인하면서 낭비된다고 생각하던 시간을 자신을 위해 활용하게 되었다.

아파트 주민들은 엘리베이터가 느리기 때문에 교체한다고 주장했지만 결국 본질은 밀폐된 공간에서 무료하게 보내는 시간에 대한 불만이었던 것이다. 이렇게 본질은 깊이 숨어 있는 '진짜'를 찾는 것이다. 만약 이때 오티스 관계자가 관리인의 말을 무시하고 거울을 달지 않았다면 어땠을까? 아마 주민들의 빗발치는 항의에 끊임없이 골머리를 앓았을 것이다.

아사히야마 동물원의 기적

일본 최북단 홋카이도에 위치한 소도시 아사히카와 시市의 아사히야마旭山 시립동물원은 1967년에 개원했다. 그 후 이곳은 일본 각지에 대형 놀이공원들이 대거 등장함에 따라 쇠락의 길을 걷게 되었고, 1995년 시의회는 폐원을 추진하기에 이르렀다.

그러자 고스게 마사오小菅正夫 원장을 비롯한 직원들은 동물원의 위기 원인을 찾아나섰다. 첫째, 동물원이 산악지대에 위치해 교통편이 불편하고, 둘째, 겨울에는 너무 춥고 여름에는 너무 더운 열악한 기후 환경으로 인해 아이를 동반해야 하는 관람객들이 올 수 있는 기간이 제한적이다, 그 외에도 동물원 주변의 마을 규모가 너무 작아 숙박시설이나 식당 같은 시설들이 부족하다, 희귀 동물이 거의 없어 도시 주변에 위치한 동물원과 차별화되지 않는다 등 다양한 의견이 나왔다. 하지만 이 많은 의견 중에 진짜 위기의 원인은 없었다.

계속되는 논의 중에 그들은 위기를 기회로 바꾸는 중대한 질문을 하게 된다. '도대체 동물원이란 무엇을 하는 곳인가?' '왜 사람들은 동물원에 올까?'란 근본적인 질문을 스스로에게 던지기 시작했다.

이들은 일에 대한 본질적인 질문을 시작으로 현장에서 배운 지식과 그동안 쌓은 경험을 공유하는 자발적인 학습 모임을 만들었다. 어떻게 하면 동물을 통해 관람객들에게 감동을 줄 수 있을지 지속적으로 고민했다. 시간이 흐를수록 적은 예산으로도 실행해볼 만한 아이디어들이 하나둘 나오기 시작했다. 그리고 빠른 시간 내에 행동으로 옮겼다. 그 결과 아사히야마 동물원은 천편일률적으로 우리에 동물을 전시하는 기존 방식에서 탈피해 각각의 장점과 매력을 한껏 발산할 수 있는 '행동 전시 프로젝트'라는 새로운 패러다임을 창출했다.

이는 모두 '동물원은 무엇을 하는 곳인가'에 대한 본질적인 답을 찾았기에 가능한 일이었다. 동물원 직원들은 논의를 통해 아사히야마는 '고객에게 독창적이고 높은 감성적 가치를 제공하는 곳'이라고 정의 내렸다. 그리고 자신들이 생각하는 이상적인 동물원의 모습을 구체화, 시각화해 14장의 스케치로 표현했으며, 곧 현실로 만들었다.

물속을 엄청난 스피드로 헤엄쳐 마치 하늘을 비행하는 것처럼 보이는 펭귄 수족관, 머리 위에서 마치 잡아먹으려는 듯이 첨벙 뛰어드는 박진감 넘치는 북극곰 전시관, 이층 철망 위에서 한가롭게 낮잠을 즐기는 맹수들을 자세히 볼 수 있는 맹수관에 이르기까지 이제껏 세상에 없는 획기적인 동물원으로 탈바꿈한 것이다.

이렇게 동물의 생태에 초점을 맞춘 행동 전시 프로젝트는 점점 입소문을 타고 일본 전역에 알려지기 시작했다. 사람들은 바닥에 누워 있기만 한 호랑이가 아니라 발톱을 숨긴 채 어슬렁거리는 맹수를 보러 왔고, 순한 줄만 알았던 염소가 절벽을 뛰어오르는 모습에 입을 떡 벌렸다. 이런 각별한 노력 덕분에 2004년 도쿄의 가장 유명한 동물원인 우에노 관람객 수를 추월했다. 매각도 되지 않던 애물단지 동물원이 시의 명소로, 일본의 명소로 재탄생한 것이다.

만약 아사히야마가 교통편을 재정비하거나 희귀 동물을 더 사오는데 자금을 투자했더라면 '기적의 동물원'이 될 수 없었을 것이다. 그들의 성공은 동물원의 본질이 무엇이고 고객들에게 어떤 가치를 창출해야 하는지 고민한 결과물이다. 기업에서도 마찬가지다. 우리 회사가 왜 존재하는가, 회사가 제공하는 서비스나 제품의 궁극적인 목적이 무엇인가 등 내부부터 문제의 본질이 무엇인지 재정의해봐야 한다.

본질은 단순히 수치로 표현될 수 없다. '매출 15% 증대', '브랜드 인지도 20% 상승' 등의 목표치가 본질이라고 정의한다면 결코 문제를 해결할 수 없다. 수치로 나타나는 다양한 목표치는 문제의 본질을 알아가기 위해 노력하다 보면 저절로 달성되는 부가적인 것들이기 때문이다. 아사히야마 동물원 역시 먼저 동물원의 존재 이유에 대한 '본질'을 찾았고, 그 결과 관광객 수가 기하급수적으로 늘어났으며 이는 곧 매출 증대로 이어졌음을 잊지 말자.

본질에 대한 질문은 개개인의 삶과 직업에도 중요하다. 2014년 통계에 의하면 'OECD 국가 중 직무 스트레스 비율' 1위에 한국이 올랐다. 야근을 해도 줄지 않는 업무, 직장 상사나 동료와의 소통 문제, 일과 가정의 불균형 등 복잡한 문제들이 얽혀 있으니 스트레스가 심한 것도 당연하다. 이럴 땐 스트레스의 '진짜' 원인이 뭔지 곰곰이 생각해보자. 상사가 매번 나를 혼내는 것에 열 내지 말고, 그의 불만이 어디에서 시작된 것인지 관찰하라는 것이다. 생각보다 간단히, 혹은 생각지도 못한 곳에서 해결의 실마리가 나타날 것이다.
'나는 누구인가?' 자신의 본질적인 면을 탐색해보는 질문이 도움을 줄 것이다.

1. 당신이 다른 사람과 차별화되는 점은 무엇인가?

2. 당신을 우수하게 만드는 점은 무엇인가?

3. 당신은 무슨 일을 할 때 가장 집중하는가?

4. 무엇이 당신을 즐겁게 만드는가?

5. 당신이 신문 1면에 난다면, 무슨 사건 때문일까?

05

진짜를 찾는 방법

　대여섯 살 쯤의 아이들이 엄마와 대화할 때 가장 많이 쓰는 말은 '왜?'이다. 호기심 많은 아이의 '왜?'라는 질문에 부모는 여간 곤욕스러운 것이 아니다. 아빠와 다섯 살 된 딸의 대화를 담은 동영상이 화제가 된 적이 있다. 딸아이는 새벽 5시에 아빠와 식탁에 앉아 시리얼을 먹으며 질문을 시작한다.

"아빠, 밖에 나가서 놀아도 돼?"

"안 돼."

"왜?"

"아직 새벽 5시야. 너무 일러."

"왜?"

"해가 아직 안 떴어."

"왜?"

"지구가 자전을 해서 얼마간 돌면 해가 지평선에서 뜰 거야."

"왜?"

"잘 몰라."

"왜?"

"음… 학교 다닐 때 공부를 열심히 안 해서."

"왜?"

… (중략) …

"아빠가 버는 돈이 엄마보다 적고 늦게 출근하니까 널 아침에 돌보는 거야."

"왜?"

"미국은 일자리가 부족해."

"왜?"

"시장경제가 그래."

"왜?"

"하느님이 돌아가셨거든."

"그렇구나, 알았어!"

이 동영상에서 딸아이는 무려 열여덟 번이나 '왜'라고 묻는다. 밖에 나가서 놀아도 되냐고 물었던 첫 번째 질문은 결국 '신은 죽었다'는 철학적인 답변에 이르러서야 끝이 났다. 짜증 한 번 안 내고 끝까지 대답해준 아빠가 존경스러울 따름이다. 다소 엉뚱해 보이지만 다섯 살 아이의 질문에서 조직이 배워야 할 점이 있다. 바로 납득할 때까지 진짜 이유를 찾아서 '왜?'라고 묻는 끈기다.

앞서 본질은 단순하다고 했다. 기업에 어떤 위기가 오든 간에, 해결의 실마리는 가장 근본적이고 단순한 곳에서 발견된다. 아사히야마 동물원은 '왜 관람객이 없는가?'에서 시작해 '우리는 왜 존재하는가?'라는 질문을 파고 듦으로써 결국 본질에 도달했다. 오티스 엘리베이터도 '느린 속도를 어떻게 개선할까?'에서 '왜 사람들이 엘리베이터에서 보내는 시간을 지루해하지?'라는 질문을 함으로서 거울을 달게 되었다.

매출이 떨어지고, 고객 불만이 늘어나고, 브랜드 이미지가 나빠지는 위기들은 모든 조직에서 한 번씩은 겪는 일이다. 그런데 이때 '매출 하락', '브랜드 인지도 추락', '신제품 기획 과제'와 같이 겉으로 드러난 현상을 본질적인 문제로 오해한다면, '매출을 상승시키자'라는 하나마나한 말만 나올 수밖에 없다.

'왜, 왜, 왜?'라고 묻는 끈기

1996년 12월 CJ제일제당은 서구화된 음식만이 패스트푸드화될 수 있다는 기존의 고정관념을 깨고 한국인의 주식인 쌀밥을 패스트푸드화한 제품을 내놓았다. 바로 햇반이다. '씻어나온 쌀'까지야 그렇다 쳐도, 전자레인지에 몇 분 돌리기만 하면 먹을 수 있는 밥은 혁신 그 자체였다. CJ제일제당은 압력밥솥으로 지은 밥과 비교해 햇반의 품질이 떨어지는 것도 아니고, 간편하기까지 하니 시장에 내놓기만 해도 불티나게 팔릴 것이라고 예상했다. 하지만 출시된 이후의 시장 반응은 예상보다는 크지 않았다. 오히려 일반 가정에서의 반응은 냉랭하기까지 했다.

CJ제일제당은 '왜?'라고 질문하기 시작했다.

"왜 생각보다 파급력이 높지 않은가?"

"왜 주부들은 햇반을 구매하는 것을 꺼리는가?"

"맛이 없어서? 햇반은 갓 지은 밥을 거의 완벽히 재현했다. "

"건강에 좋지 않아서? 인체에 유해한 물질이나 방부제는 첨가하지 않았다. "

그럼 다시, "왜 주부들은 밥을 직접 짓는 수고를 마다하지 않는가?"

가족을 사랑하고 책임감 있는 주부라면 당연히 직접 지은 밥을 해주어야 하니까.

결국 햇반이 초기 시장 진입에 난항을 겪은 이유는 '게으르고 무책임해 보인다'는 죄책감과 '편히 지내려고 밥도 안 한다'는 따가운 시선이 걱정돼서 주부들이 구입을 망설였기 때문이다. 본질을 파악한 CJ제일제당은 '갓 지은 쌀밥을 그대로 재현한 기술력'을 광고하기보다 '엄마가 해주신 밥', '정성이 들어간 밥'이라는 이미지를 내세워 주부들에게 강하게 어필하기로 결정했다. 그 결과 주부는 물론 많은 사람들이 '인스턴트 밥'이 아닌 '엄마가 해주신 밥'이라는 인식을 하게 되었고 초반의 부진을 털고 새로운 식문화를 창출하기에 이르렀다.

매출이 떨어지는 건 그저 하나의 현상에 불과하다. '왜 매출이 떨어질까?' 묻고 또 묻다 보면 진짜 문제가 무엇인지 발견할 수 있으며 그에 대한 해결책을 강구할 수 있다.

문제를 쪼개라

문제의 본질을 찾기 위해서는 '왜'라고 끈기 있게 묻는 것 외에도 문제를 쪼개는 방법이 있다. 경영학에서는 후자를 일컬어 MECE ^{미시,}

라고 한다. MECE는 문제를 구조화할 때 쓰는 방법으로 서로 중복되지 않으면서도 누락된 바 없이 문제를 쪼개는 것이다. 즉 '중복ME과 누락CE 없이'라는 뜻의 영어 머리글자를 모아놓은 것으로 어떤 사물과 현상을 볼 때 전체를 포괄적으로 파악한 뒤 중복되지 않게 분해하는 사고방식이다. 예를 들어 인간을 나눌 때 남녀라는 '성별'로 나누는 것이 MECE이다. 이것을 '남자와 여성과 자녀'로 나누면 자녀도 남자와 여자로 나눌 수 있기 때문에 중복되는 셈이어서 MECE라고 할 수 없다. 또 인간을 노인과 아이로 나누면 그 사이 연령층이 포함되지 않기 때문에 누락이 발생하므로 이 역시 MECE가 아니다.

이처럼 MECE는 누락과 중복 없이 정보를 정리하는 사고방식이다. 또 MECE에는 하나의 축으로 나누는 패턴과 여러 축을 조합해 나누는 패턴이 있다. 인간을 성별만 가지고 나누면 남자와 여자가 된다. 여기에 '30세 이상'과 '30세 미만'을 조합하면 4가지로 나뉜다. 이렇게 분해함으로써 논점을 명확히 한다. 또 분해 축이 늘어나면 논점을 세분화하면서 분석할 수 있다는 장점이 있다.

고객의 라이프 스타일을 MECE 분석 기법으로 나눠보자. 타깃 고객의 하루 혹은 한 달, 평생의 시간 등을 기준으로 분해할 수 있다. 분해 기준은 정해진 것이 아니라 임의로 설정하면 된다. 예를 들어, 고객 경쟁이 치열한 통신사는 '가입 전, 가입 중, 가입 후'의 기준으로 나누어 분석하면 그에 맞는 마케팅을 할 수 있다. 음원 서비스를 하는 기업은 '출근 시간, 낮 시간, 퇴근 시간, 밤'으로 하루를 쪼개 시간대별 음악을 제공할 수 있다. 이처럼 고객군을 라이프 사이클이나 구매활동 프로세스 등 다양한 기준으로 나눠볼 수도 있다.

'왜?'라는 질문법이 이미 닥쳐 온 위기의 본질을 파악하려는 목적이라면, 'MECE' 분석 기법은 변화무쌍한 시장의 판도를 주도하기 위한 목적이 훨씬 더 강하다. 신제품이나 새로운 서비스를 개발해 시장을 선도할 목적이라면, MECE 분석 기법을 활용해 다양한 기준으로 분석을 시도해보자. 기존에 없던 새로운 아이디어를 발견할 가능성이 매우 높아진다.

한일전기가 내놓은 초초미풍 선풍기도 쪼개서 분해하다가 새로운 아이디어를 발견한 사례다. 선풍기라면 시중에 이미 개발될 수 있을 만큼 수없이 다양한 제품이 출시된 포화시장이었다. 미풍부터 강풍까지 바람의 세기를 다양하게 조절할 수도 있고, 디지털화되어 가동 시간을 자유자재로 조절할 수도 있다. 심지어 날개가 없는 선풍기까지 출시되었으니, 선풍기의 진화는 더는 불가능할 것처럼 보였다. 하지만 일명 '아기 선풍기'라 불리는 초초미풍 선풍기는 선풍기 분야에서 또 다른 시장을 발견했다.

한일전기는 고객군을 MECE 분석 기법으로 나누었다. 선풍기를 사용하는 고객은 아기부터 노인까지 모든 세대를 아우른다. 하지만 분명 연령대별로 서로 다른 기능을 필요로 할 것이라는 가정에서 출발했다. 성인들은 현재 시판되고 있는 선풍기의 기능에 충분히 만족했다. 강풍과 회전, 시간조절 기능이면 더운 여름을 나는 데 별 지장이 없었다. 하지만 어른보다 체온조절이 어려운 아기나 어린이들에게 필요한 것은 덥지 않으면서도 적절한 바람 세기였다.

초초미풍 선풍기는 나뭇잎이 살짝 흔들릴 정도의 실바람과 비슷한 세기의 0.65m/s 미풍으로 작동이 가능했다. 이것은 장시간 선풍기를 사용할 때 발생할 수 있는 체온 저하를 막아주는 세기였다. 아이를 키우는 엄마들에게는 최상의 제품으로 다가갔다. '아기를 위한 선풍기'라는 정의를 내리자 미풍뿐만 아니라 잠든 아기를 깨우지 않는 저소음 기술까지 추가되었다.

이 선풍기는 아기 엄마들의 입소문을 타고 완판에 완판을 거듭했다. 더 나올 신제품 아이디어가 없어 보이던 선풍기 시장에서 MECE 분석 기준을 '고객의 연령대'로 변경하자 전혀 새로운 선풍기가 탄생한 것이다. 제품의 차별화 정도가 낮아 경쟁이 치열했던 선풍기 시장에 한일전기는 새바람을 불러일으켰다. 말 그대로 레드오션에서 블루오션을 개척한 것이다.

이와 비슷하게 음악사이트 멜론은 '비오는 날, 햇살 좋은 날, 안개 낀 날, 눈오는 날' 등 날씨나 장소 등을 기준으로 음악을 추천해준다. 순위별로만 제공되던 음악이 다양한 기준으로 쪼개져서 제공되니 서비스 종류가 늘었다. 한편 애플은 고객의 이동 동선에 따라 제품군을 나눴다. 이동 중에는 아이폰, 잠들기 전 침대에서는 아이패드, 책상에서는 맥북으로 모든 일과를 애플과 함께하도록 제품군을 구성했다.

만일 새로운 시장을 개척할 작정을 하고 있다면 관심 있는 모든 현상을 MECE 분석 기법으로 쪼개보자. 이미 나올 건 다 나온 것처럼 보이는 시장에도 문은 있다.

MECE라는 개념이 단순히 문제를 잘게 쪼개는 것에만 국한되는 것은 아니다. '왜 MECE를 하는가'를 생각하고 그에 부합하는 기준을 적용하여 MECE를 하는 것이 중요하다.
MECE 기준은 다양하다. 어떤 기준을 따를 것인지는 제품이나 서비스 특성에 맞게 정하면 된다.

1. 보험회사의 경우 고객의 생애주기를 하나의 기준으로 삼을 수 있다. 예측하지 못한 삶의 위기와 난관에 대비한다는 보험회사의 업(業)에 맞게 '삶'의 각 생애주기에 주목함으로써 태아보험, 중장년층을 위한 암보험, 노년층을 위한 실버보험 등 이미 다양한 상품이 개발되었다.

생애주기별 상품을 기획한 보험회사

2. 자동차 회사는 고객이 자동차를 구매하는 활동을 하나의 기준으로 삼을 수 있다. 다시 말해 구매 전, 사용 중, 사용 후(중고처분)로 나누어볼 수 있다. 신규 고객을 붙잡기 위해 구매 전에 신차 광고나 DM발송, 사용 중에는 로열티를 높이기 위해 A/S나 각종 부가서비스 제공, 마지막으로 중고처분 시에는 신차 구매로 연결할 수 있는 가격정책 등 다각적인 마케팅 전략 수립이 가능하다.

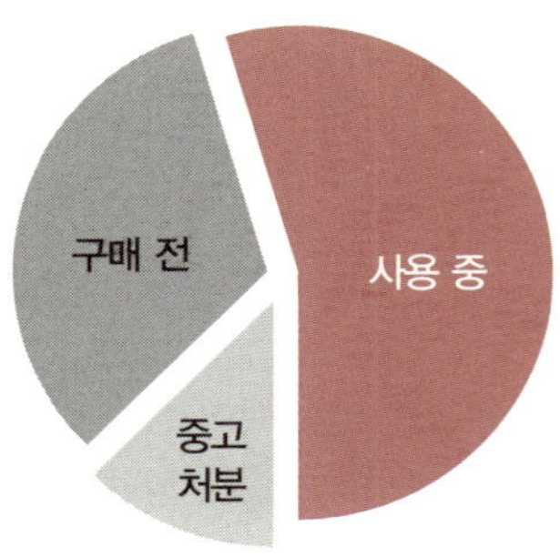

구매단계로 쪼갠 자동차회사

3. IT업체는 고객의 동선을 하나의 기준으로 삼을 수 있다. 업무 중에는 데스크탑이나 노트북을, 운동 중에는 착용용(wearable) 스마트기기를, 휴식 중에는 태블릿을 주로 사용하는 것으로 파악되었다. 이를 통해 실제 고객이 머무는 장소나 고객의 활동에 따라 다양한 제품 아이디어가 탄생했다.

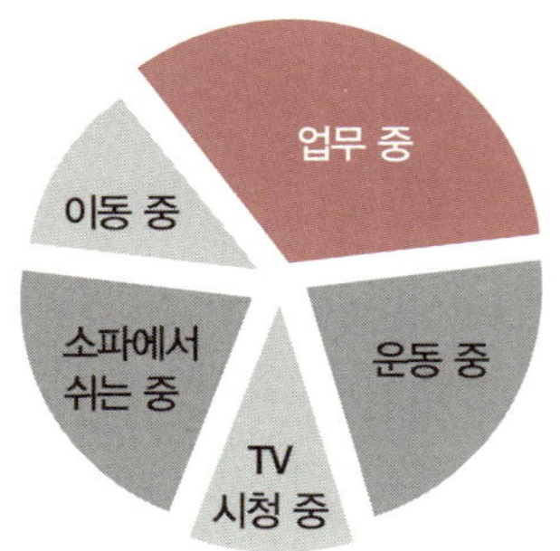

동선에 따라 제품을 기획한 IT업체

06

봉지 칵테일의 유혹

해외배송이 늘어나면서 해외배송업체가 마치 춘추전국시대처럼 우후죽순으로 생겨났다. 그러다 보니 수송차량, 직원, 시스템, 배송 방식 등을 두고 치열한 경쟁이 벌어지고 있다.

DHL은 이 분야의 선두주자이긴 했으나 경쟁사들이 유사한 서비스를 제공하면서 점차 위협을 느끼기 시작했다. 특단의 대책이 필요했다. DHL은 자사가 갖춘 '더 나은' 서비스와 시스템, '더 많은' 해외지사와 수송차량에 대한 자신감을 표현하기 위해 'DHL이 더 빠르다DHL IS FASTER'라는 새 슬로건을 내세웠다. 하지만 기존의 방식으로 새 슬로건을 알리기 위한 광고를 집행하려면 천문학적인 비용이 필요했다. 게다가 남들도 다 하는 방식으로 광고를 하는 것이 얼마나 이득이 될지 확신하기도 어려웠다.

DHL은 새로운 광고 방법이 없을까 골몰했다. TV광고나 전광판이 아닌 새로운 광고 채널이 없을까? 이때 그들이 떠올린 광고 채널은 엉뚱하게도 '경쟁사'였다.

"경쟁사가 우리를 광고하게 만들면 어떨까?"

DHL은 커다란 화물 박스에 'DHL IS FASTER'이라고 새겼다. 그리고 경쟁사들에게 그 박스를 배송해달라고 의뢰했다. 물론, 노란 화물 박스에 빨간색 글씨로 새긴 DHL의 슬로건을 경쟁사가 보면 접수를 거부할 수도 있으니 미리 조치를 취했다. 영하의 온도에 노출되면 온통 까만색으로 변하는 특수 테이프로 박스를 칭칭 감은 후 냉동고에 잠시 보관했다. 그렇게 검게 변한 소포들은 경쟁사의 배송 비행기와 트럭을 타고 전 세계로 떠났다. 검은 박스는 트럭과 비행기 안에서 서서히 해동되면서 'DHL IS FASTER'이라는 빨간 글씨를 선명하게 드러냈다.

다른 배송업체의 유니폼을 입은 직원들이 'DHL IS FASTER'이라고 새겨진 소포를 배송하는 진풍경이 벌어졌다. 그들은 엘리베이터를 타고, 계단을 오르고, 복잡한 주소를 찾아 전 세계 골목 여기저기를 누비면서 경쟁사인 'DHL이 더 빠르다'라고 광고한 셈이었다.

이렇듯 관점을 뒤집으니 기가 막힌 해결책이 나왔다.

칵테일도 테이크아웃이 된다고?

흔히들 칵테일 바는 우아하고 고급스러운 인테리어를 갖추어야 하고 바를 찾는 손님들은 그에 맞게 격식 갖춰 차려입어야 한다고 생각한다. 그래서 대부분의 칵테일 바가 유사한 형태로 운영되고 있다. 젊음의 거리 홍대에도 수많은 칵테일 바가 있다. 여느 다른 바처럼 칵테일은 예쁜 잔에 담겨 테이블로 서빙된다. 하지만 경쟁이 치열하다 보니 단골 고객을 확보하거나 매상을 올리기에는 무리가 따랐다.

그 와중에 한 남성이 질문을 던졌다.

'왜 칵테일 바는 비슷할까?'

'왜 사람들이 칵테일을 마시는 걸까?'

사람들이 칵테일 바를 찾는 첫 번째 이유는 혼자 가도 어색하지 않기 때문이다. 삼겹살집이나 횟집은 혼자 가서 술 마시기가 어색하지만 칵테일 바에서는 얼마든지 즐길 수 있다. 술 한 잔을 하고 싶은데 마땅히 부를 만한 친구가 없을 때, 칵테일 바는 안성맞춤이다. 두 번째 이유는 칵테일이 가진 '적당함'이다. 맥주처럼 완전히 캐주얼한 술로는 뭔가 부족할 때, 적당히 분위기도 낼 수 있으면서 많이 취하지 않는 술이 필요할 때 칵테일이 적격이다.

이 남성은 칵테일에 대한 질문과 대답을 반복하다 보니, 꼭 '예쁜 유리잔'이나 '화려한 인테리어'를 갖춘 바에서 칵테일을 마실 필요가 없다는 결론에 도달했다. 그는 칵테일에 대한 통념을 '뒤집어 보기'로 했다.

"칵테일을 봉지에 담아 팔면 어떨까?"

그는 오지를 여행하다가 우연히 비닐에 담긴 맛있는 음료를 먹었던 기억을 칵테일과 연결시켰다. 그의 새로운 발상을 듣고 지인들은 부정적인 반응을 보였다. 외국이야 거리에서도 자유롭게 맥주 한 잔씩 즐길 수 있는 분위기지만 우리나라는 그런 문화가 용납되지 않는다, 비닐은 비위생적이다 등 이유도 가지각색이었다. 여기저기서 우려 섞인 목소리가 들려왔다. 하지만 그는 기어이 비닐VINYL이라는 이름의 바를 열었다.

어차피 비닐에 칵테일을 담아 팔 작정이니 고급스러운 인테리어나 넓은 공간은 필요 없었다. 고작 3.3평형 가게에 테이블 두 개만 갖다놓고 장사를 시작했다. 가격도 안에서 마실 때보다 이삼천 원 더 저렴하게 판매했다. 투명한 비닐에 담긴 형형색색의 칵테일은 길거리에 들고 다니며 마셔도 전혀 거리낌이 없었다. 오히려 고객들은 시원하고 예뻐 보인다고 평가했다.

계속 입소문이 나면서 다른 노점상에서도 봉지 칵테일을 팔게 되었고, 인기가 높아지자 웅진식품에서는 일명 '봉다리'란 이름으로 상품화까지 해버렸다.

이렇듯 '뒤집어 보기'는 혁신의 좋은 방법이다. 드라이샴푸는 기름진 머리를 뽀송뽀송하게 만들기 위해서 꼭 물이 필요하다는 생각을 뒤집었고, 보졸레 누보 와인은 햇포도로 만들어 숙성도가 떨어진다는 단점을 '신선한 와인'이라는 관점으로 뒤집어 성공을 거두었다.

그런데 뒤집어 보기를 할 때 주의해야 할 점이 있다. '기존에 없던 것이지만 어디선가 본 듯한' 정도의 공감대를 유지해야 한다는 것이다. 만약 기존과 다른 칵테일을 내놓겠다며 '비닐'이 소고기 맛 칵테일, 돼지고기 카나페 등을 선보였다면 사람들은 외면했을 것이다. 즉 고객과의 적당한 균형점을 유지할 때, 뒤집어 보기가 혁신으로 이어지는 것이다.

2012년, BBQ는 '아이스 치킨'이라는 신제품을 출시했다. 안타깝게도 이 제품은 고객들의 공감을 얻지 못했다. 뜨거운 김이 솔솔 올라오는 치킨만 보던 사람들에게 차갑게 먹는 치킨은 충격적일 정도로 새로웠다. 이한치한이라고 차가운 맥주에 차가운 치킨을 곁들이면 인기 메뉴가 될 것이라고 예상했으나 손님들은 낯선 치킨의 모습에 반감을 표했다. 갓 튀긴 것처럼 신선해 보이지도 않고, 얼렸다 꺼냈으니 왠지 눅눅할 것만 같아 먹기를 꺼려했다. 따뜻한 치킨을 뒤집어버린 것까지는 괜찮았으나 고객의 니즈Needs와 균형점을 찾지 못한 아이스 치킨은 실패작으로 남고 말았다.

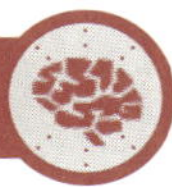

Brilliant Tip 역발상과 공감대 사이의 균형

● 균형이 깨져 실패한 제품

1. 연기 없는 담배
대부분의 사람들이 담배연기를 싫어한다. 미국의 담배 제조업체인 R.J. 레이놀즈(Reynolds)에서는 이런 니즈를 충족하기 위해 연기 없는 담배 '프리미어(Premier)'를 론칭했다. 하지만 결과는 참담했다. 정작 담배를 사서 피우는 애연가들은 연기야말로 담배를 피우는 진짜 이유라고 생각했기 때문이다.

2. 무색 콜라
1992년, 펩시는 코카콜라를 누르고 1인자가 되기 위해 야심차게 '크리스탈 콜라'라는 무색의 콜라를 출시했다. 탄산수 시장의 대체재 역할을 할 것이라는 기대가 펩시 내부에서 지배적이었지만, 이 제품은 참패했다. 사람들은 마셔보지도 않고 무색 콜라가 맛이 없을 것이라고 단정했다. 색을 없애자 콜라 특유의 톡 쏘는 맛도 함께 사라진 것처럼 보였기 때문이다.

3. 어른을 위한 즉석식품
이유식 제조사인 거버(Gerber)는 요리하기 귀찮은 독신자들을 위해 '싱글즈'라는 즉석식품을 내놓았다. 실제로 맛과 영양은 훌륭했다. 하지만 이유식 병과 똑같은 디자인의 즉석식품을 마트에서 용기 있게 구매할 어른은 그리 많지 않았다.

● **균형을 유지해 성공한 제품**

1. 24층에 있는 호텔로비 : 제품과 서비스의 타깃이 누군지 이해하라.
파크 하얏트 서울의 로비는 건물 최고층인 24층에 있다. 1층에서는 보이지 않는 멋진 야경과 한강 경치를 로비에서도 누릴 수 있다. 투숙객 외에도 1층 로비에서 식사나 커피를 즐기는 손님들이 VIP 대접을 받는다는 느낌을 주기 위해 로비를 꼭대기층으로 올려버렸다.

2. 바나나는 원래 하얗다 : 역발상의 이유가 타당해야 한다.
노란색 우주선 모양의 바나나우유에 익숙했던 사람들 앞에 매일유업의 '하얀 바나나우유'가 도전장을 내밀었다. 바나나우유는 노란색이라는 사람들의 인식을 뒤집는 동시에 색소를 첨가하지 않아 건강한 음료라는 이미지를 부각했다.

3. 1층의 프라이버시를 보장한 아파트 : 고객의 불편함을 배려하라.
아파트 1층은 모든 주민들이 엘리베이터를 타러 지나다니는 길목이다. 자연스럽게 1층 주민은 문을 마음껏 열 수도 없었고, 아파트 가격도 다른 층에 비해 떨어졌다. 대림산업은 아파트 1층과 엘리베이터의 높이를 다르게 배치한 아파트를 선보임으로써 '1층=불편한 공간'이라는 통념을 지우는 데 성공했다.

07

윈윈 전략의 핵심

여성들 사이에서 '뷰티 세일 달력'은 필수품이 되고 있다. 매달 일정 기간이 되면 화장품 로드숍들이 앞다투어 세일 열전을 벌이는데, 이때 50% 할인율은 기본이다. 상황이 이렇다 보니 여성들이 이 기간을 놓치지 않으려고 세일 기간이 기재된 달력을 챙기게 되었다.

저가 화장품의 효시 격인 미샤가 매달 '미샤데이'를 지정해서 세일을 진행한 이후 네이처리퍼블릭, 이니스프리, 토니모리 등 다른 경쟁 업체들도 일제히 매달 세일의 날을 정해 파격적인 가격으로 고객을 유인했다.

가격 경쟁이 치열해지면서 할인 폭 또한 커졌고, 소비자들은 화장품을 싸게 샀다는 것을 넘어 횡재한 기분까지 들었다. 하지만 정가에 로드숍에서 제품을 구매한 고객들은 반대로 손해를 봤다는 생각을 하게 되었고, 곧 이런 인식이 널리 퍼지면서 예상치 못한 문제점들도 드러났다. 정기적으로 화장품을 세일할 수 있는 것은 로드숍이 일부러 정가를 높게 책정했기 때문이라는 의문이 제기되었다. 이어서 고객을 우롱하는 행위라는 불신의 목소리마저 나왔다.

그럼에도 불구하고 로드숍들이 세일 전쟁을 멈추지 못하는 것은 비슷한 브랜드 이미지를 가진 업체 간의 시장점유율 싸움에서 밀릴 수 없기 때문이다. 화장품업체들 역시 경쟁사의 가격인하 조치에 똑같은 방법으로 대응했다가는 모두 손해만 떠안게 된다는 것을 익히 알고 있다. 또 장기적으로 볼 때 소비자들의 불신을 해소하는 방법은 가격인하가 아니라 합리적인 가격과 제품의 질이라는 것을 모를 리 없다. 그러나 누구 하나 이 경쟁을 멈추려 하지 않고 있으며 서서히 수익이 잠식되고 있는 것을 보면서도 발만 동동 구를 뿐이다.

이와 같은 경쟁 방식은 변화의 양상이 일관적이고, 산업 내의 경쟁이나 변화만 신경 써도 되던 과거에는 유용했다. 경영의 구루Guru로 불리는 마이클 포터Michael Eugene Porter는 1980년에 '5가지 경쟁 요인5 Forces'이라는 프레임 워크를 주장했다. 그는 경쟁해야 할 다섯 상대를 규정함으로써 당시까지 기업과 경쟁자의 1:1 싸움을 1:5 싸움으로 확장했다. 그는 경영에 새로운 지평을 열었고, 수십 년에 걸쳐 다섯 상대와의 싸움에서 경쟁 우위를 차지하는 방법을 연구했다.

하지만 오늘날 변화는 그의 주장처럼 반드시 산업계의 구분을 두고 일어나지는 않는다. 《나이키의 상대는 닌텐도이다》라는 책 제목은 변화가 초超산업적으로 일어나고 있는 현실을 단편적으로 보여주고 있다. 나이키가 경쟁해야 할 상대는 아디다스나 프로스펙스 같은 스포츠웨어 업체가 아닌, 사람들이 밖으로 나가지 않고 실내에서 놀게 만드는 게임기 회사라는 것이다. 이런 식으로 생각하면 경쟁자는 한도 끝도 없이 많다. 그들과 모두 싸워 이길 가능성은 희박하며, 더군다나 서로에게 전혀 득이 되지 않는 치사한 방법을 동원해 경쟁하는 것은 무의미해졌다.

또한 2008년 금융위기가 발생한 후, 경쟁사는 물론이고 심지어 고객과도 힘겨루기를 해야 한다는 과거의 경쟁 우위 논리에 대해 많은 사람들이 반감을 품기 시작했다. 화장품 로드숍들의 가격 경쟁이나 통신사들의 과도한 보조금 경쟁은 장기적으로 고객들에게 결코 이익으로 돌아오지 않았다. 화장품의 질은 떨어질 것이고 통신사 고객들의 요금은 점점 높아질 것이 뻔하다. 결과적으로 사회 전체의 이익과 기업의 이익이 반비례하는 그래프 곡선을 그리게 되는 것이다.

2011년 기업의 경쟁 구도를 논하던 마이클 포터는 〈자본주의를 어떻게 치유할 것인가How to Fix Capitalism〉라는 논문을 통해 자본주의 치유의 방안으로 '공유가치창출CSV, Creating Shared Value' 개념을 주장한다. '5 Forces'를 창시한 마이클 포터의 새로운 프레임은 시장에 신선한 충격을 던져주었다. 자본주의 사회에서 기업들이 더 많은 이익을 좇아 서로를 갉아먹고, 사회의 이익을 침해하는 경쟁 구도는 결국 기업과 사회 모두를 수렁에 빠지게 할 것이라고 주장했다. 즉 기업이 사회의 이익과 무관하거나 사회 전체의 이익을 침해하는 것이 아니라 기업이 이익을 내면서 동시에 사회 편익을 높이는 영역을 추구해야 한다는 것이다.

세이코 샌들이 만들어진 배경

세이코Sseko 샌들은 여름이면 자신만의 개성을 살리려는 젊은 여성들 사이에서 가장 불티나게 팔리는 신발이다. 색색의 끈과 신발 밑판만 구매하면 자기 마음대로 수십 가지의 샌들 디자인을 연출할 수 있기 때문이다. 그런데 이 세이코 샌들을 주목할 만한 이유가 하나 더 있다. 세이코 샌들이 만들어진 남다른 계기다.

세이코 샌들을 만든 '세이코디자인Sseko Design'은 우간다에 기반을 둔 패션브랜드다. 창업자 리즈 보하논Liz Bohannon은 자원봉사를 위해 우간다에 갔다가 수도 캄팔라에서 충격적인 장면을 목격했다. 화려한 기업 건물들 앞에서 구걸을 하는 어린 소녀들이 눈에 띄었다. 당시 소녀들은 맨발로 있었는데 이 장면은 우리 사회의 빈부 격차가 얼마나 심한지 그 현실을 여실히 보여주고 있었다. 보하논은 이내 소녀들을 도와줄 수 있는 자선사업을 벌였다. 하지만 일시적인 기부 활동만으로는 한계가 있다는 것을 깨달았다.

우간다의 한 해 대학등록금은 우리와 비슷한 450만 원대인데 반해 우간다 여성들의 한 달 평균 임금은 고작 6만 원에 그쳤다. 정부에서도 이 문제를 해결하기 위해 입학 전 9개월 동안 유예기간을 두어 등록금을 벌 시간을 마련해주고 있지만 낮은 임금 탓에 등록금을 내기란 불가능했다. 심지어 우간다 소녀들은 입학금을 내기 위해 매춘의 늪에 빠지기도 했다.

리즈 보하논은 우간다 소녀들에게 교육 받을 기회를 주고 싶었다. 그래서 세이코디자인이라는 샌들 회사를 설립하게 되었다. 일회성 기부가 아닌 우간다 여성들의 삶에 근본적인 변화를 주기 위해서였다. 세이코디자인은 대학 진학을 앞둔 여학생들을 고용해 정당한 임금을 주고 대학등록금을 마련할 기회를 제공하기로 했다. 우간다 사회 특성상 여성의 임금은 가족들에게 반강제적으로 헌납해야 한다. 세이코디자인은 이를 막기 위해 임금전용 계좌에 임금의 50%를 입금하고 있다.

세이코디자인에서 일하는 여성은 3가지 유형으로 나뉜다. 첫 번째는 고등학교를 졸업하고 대학등록금을 마련하는 University-bound, 두 번째는 정직원으로 일하는 지역 여성인 Full-time veterans, 마지막으로 학교를 졸업한 후 꿈을 키우려고 일하는 Sseko graduates이다.

우간다 사회문제와 세이코디자인 기업의 이익은 상충하지 않고 시너지를 냈다. 많은 기업들이 '착한 기업'이 되기 위해 연말이면 자선 행사와 기부를 행하지만 이런 방법들은 근본적인 사회 문제를 해결할 수 없다는 한계가 있다.

세이코디자인은 우간다 여성에게 교육, 일자리 등 사회구조적으로 차단되었던 기회를 열어줌으로써 단순히 돈을 기부하는 것과는 차원이 다른 성과를 내고 있다.

기업은 사회를 떠나 존재할 수 없다. 그런 의미에서 '공유가치창출'은 기업이 장기적으로 사회와 공존하는 방법이며, 공유가치창출이 자본주의 그 자체인 것이다.

유니레버의 샥티 프로젝트

인도에 현지화 전략으로 진출한 힌두스탄 유니레버도 기업과 사회가 공존할 수 있는 영역을 발견했다. 아직 계급제도가 남아 있는 인도에서는 좋은 품질의 상품들은 대부분 도시에만 유통되고 소비된다. 그래서 인도 시장은 한계가 있었다. 유니레버는 세계 2위의 인구를 자랑하는 인도에서 더 큰 시장을 개척해야 한다고 생각했다. 그러려면 시골 구석구석까지 팔 수 있는 새로운 유통망이 필요했다. 이때 유니레버는 빈민층 여성들에게 눈을 돌렸다. 현지유통망으로는 진출하기 어려웠던 인구 2,000명 미만의 소규모 농촌에 여성 판매 인력을 통해 유통채널을 구축해 사업기반을 마련하기로 한 것이다. 그리고 2001년 현지에 취약한 유통판매망과 빈민 계층의 자활 의지를 연계한 '샥티 암마Shakti Amma, Power Mom' 프로젝트를 론칭했다.

샥티 프로젝트는 최종적으로 농촌 구석구석까지 다니며 유니레버 제품을 홍보 및 판매할 수 있는 판매원을 키우는 데 목적이 있다. 유니레버는 시골에 거주하는 빈곤층 여성들에게 제품을 판매할 자금을 소액 대출 형태로 지원하고, 판매 교육을 실시했다. 그 결과는 성공적이었다. 2009년 말 기준으로 인도 15개 주의 10만여 마을에서 4만 5,000명이 넘는 여성판매원이 300만 이상의 가정에 유니레버 생필품을 제공하고 있으며, 매월 13~20달러인도인 1일 임금 1.56달러의 수입을 얻을 수 있게 된 것이다.

그뿐만 아니라 여성판매원에게 건강과 위생 교육을 시킨 후 농촌교사와 마을지도자 등에게 보건에 대한 인식을 높이는 프로그램을 전개했다. 또 인도 산간 오지의 학교와 지역사회에 교육팀을 파견했고, '손 씻기 캠페인'을 통해 어린이들에게 손 씻기의 중요성을 알리는 등 사회 공헌 활동에도 힘썼다. 물론 샥티들로 인해 시장을 확대한 힌두스탄 유니레버의 매출은 크게 상승했다.

Brilliant Tip CSR과 CSV의 차이
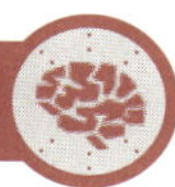

기업의 공유가치창출(CSV)과 사회적책임활동(CSR)의 차이점은 무엇인가?

마이클 포터 교수는 공정무역의 사례를 통해 CSV와 CSR의 차이를 이렇게 설명했다. 가난한 농부에게 상품의 가격을 후하게 주는 공정무역의 형태는 CSR에 해당한다. 그러나 이는 약간의 빈곤을 해결하는 것으로 기업의 수익을 재분배하는 것에 불과하다.

일반적으로 CSV와 CSR의 차이는 기업의 핵심역량과 얼마나 연계됐는가에 따라 구분된다. 기업의 역량이 사회적 가치와 경제적 가치를 창출하는 과정에서 어떤 역할을 하느냐에 따라 다르다는 얘기다.

CSV는 기업의 경제적 가치와 사회의 공적 가치를 함께 창출하는 것이라면 CSR은 기업이 성과를 얻을 수 있는 방법을 강구하고, 수익의 일부를 선한 일에 활용하는 것이다.

실제 기업의 사례를 통해 CSV의 유형을 살펴보자. CSV는 사업을 개발해 궁극적으로 이윤을 창출한다. 관건은 기업이 사업을 개발하면서 사회적 가치를 제고할 수 있는 기회를 발견해야 한다는 것이다. 이를 잘 접목한 것이 '사업개발형' CSV다. 미국 전자기기 제조사 GE는 환경과 상상의 합성어인 '에코매지네이션(Ecomagination)'과 건강과 상상의 합성어인 '헬시매지네이션(Healthymagination)'을 모토로 환경 및 건강 관련 신제품을 개발했다. 그리고 그곳에서 새로운 성장기회를 발견했다. 이런 특별한 노력 덕분에 GE는 2005년부터 2010년까지 약 96조 450억 원의 매출을 달성했다.

	CSR (Corporate Social Responsibility, 기업의 사회적책임활동)	CSV (Creating Shared Value, 공유가치창출)
가치	선행(Doing Good)	투입 비용 대비 높은 사회 경제적 가치
인식	기업 평판 관리 (수익 추구와 무관한 기부 등의 형태)	기업의 수익추구 및 경쟁력 강화/ 기업의 핵심역량(자원, 전문지식 등)을 활용하여 사회적·경제적 가치를 모두 추구
활동	자선활동, 시민적 책임 등	기업과 사회가 함께 가치 창출 활동
예산	기업의 CSR 예산	기업 전체 예산에 CSV 반영
한계	CSR 예산 규모에 따른 활동 제한	CSV에 대한 낮은 인식 수준
사례	탐스 신발은 고객이 신발 한 켤레를 구매하면 신발이 필요한 아프리카 아이들에게 한 켤레씩 기부한다.	P&G는 2020년까지 공장 내 30% 에너지 원료 대체, 트럭 운송량 20% 감축 등 장기 환경보호 목표를 세우고 '지속 가능 혁신 제품'을 개발하고 있다.

어떻게
성과를 낼 것인가

01
자발적 추종

오기 장군과 이순신 장군

대륙의 패권을 두고 여러 나라가 피 튀기는 전쟁을 벌이던 춘추전국 시대, 위나라 오기 장군은 병사들의 마음을 얻는 것이 얼마나 중요한 것인지 잘 알았던 사람이다. 그는 장군이라는 직함에도 불구하고 말이나 수레를 타지 않았으며, 병사들과 같이 자신이 먹을 양식은 손수 지었다고 한다. 긴 행군 속에서도 병사들을 독려하고 함께 숙식하며 자기 자신이 병사들과 같은 운명에 놓인 동반자임을 항상 느끼고자 했다. 병사들은 이런 오기 장군의 모습에 나날이 깊은 신뢰감이 생겼고 장군에 대한 충성심도 당연히 높아만 갔다.

어느 날, 긴 행군 중에 한 병사가 종기로 괴로워하는 모습을 본 오기 장군은 직접 등창 고름을 입으로 빨아주었다. 가족도 하기 힘든 은혜를 베풀자 장군을 보는 그 병사의 눈빛은 이내 존경심과 감사함으로 빛났다.

그런데 이 소식을 들은 병사의 어머니가 땅을 치며 통곡을 했다.

"아니, 장군이 당신 아들 종기를 빨아주었는데 어찌하여 그리 슬피 우는 것이오?"

마을 사람들은 의아해 물었다.

"내 아들은 이제 죽을 것입니다."

어머니는 울면서 대답했다.

"옛날에 오기 장군이 우리 애아버지의 종기를 빨아준 일이 있었습니다. 그 사람은 너무나 감격하여 그때부터 전쟁에서 자기 몸을 돌보지 않고 용감히 싸웠으며 급기야 오기 장군이 위기에 빠졌을 때 그를 구하려다 전사했습니다. 내 아들도 이제 장군을 위해 죽을 터인데 어찌 눈물이 안 나겠습니까?"

그제야 마을 사람들은 고개를 끄덕였다. 남편과 아들 모두 오기 장군에게 마음을 모조리 빼앗긴 것을 지켜보는 아낙네의 마음은 복잡했을 것이다. 누구보다 맹렬하게 싸울 자랑스러운 병사이면서 동시에 죽음을 피하지 않을 사랑하는 가족이기 때문이다.

결국 오기 장군이 고름을 빨아준 그 병사는 전쟁이 일어나자 최전선으로 뛰어나가 싸우다가 전사했다. 병사들에 대한 오기 장군의 사랑은 가식이 아닌 아버지의 사랑처럼 일관되었으며, 이로 인해 그는 병사들의 전폭적인 지지와 신뢰를 받았다. 그리하여 병사들이 전쟁터에서는 오기 장군을 위해 목숨까지도 아끼지 않았던 것이다.

"죽기로 싸우는 사람은 살 것이고 살려고 싸우는 사람은 죽을 것이다死卽生生卽死."

　명량해전에서 이순신 장군이 병사들 앞에 외친 이 말은 오기 장군이 쓴 병법서 《오자병법吳子兵法》에도 나온다. 명장 이순신 장군 역시 오기 장군처럼 부하들을 대했다. 23전 전승의 이순신 장군은 부하들에게 도움을 주는 데 주저함이 없었던 인물이다.

　"윗사람을 따르고 상관을 섬겨 너희들 직책을 다했건만 부하들을 위로하고 사랑하는 일, 나는 그런 덕이 모자랐노라. 그대 혼들을 한자리에 부르니, 여기에 차린 제물을 받으시오."

　이순신 장군은 군의 사기를 떨어뜨리고 질서를 문란하게 만드는 병사의 죄는 누구보다도 엄히 다스렸지만, 승리를 위해 기꺼이 목숨을 바쳐 싸운 용맹한 병사들을 위해서는 직접 제문을 짓고 제사를 지내줄 정도로 극진히 대했다. 이순신 장군은 병사들의 시신을 수습해 고향 땅에 묻히도록 배려했고, 제사를 지낼 쌀까지 가족에게 보내주었다고 한다. 치열한 전투 속에서 생존한 병사들에게는 더욱 지극했다. 자신의 옷을 헐벗은 군졸에게 직접 벗어주었고 글을 모르는 병사들에게는 글을 가르쳐주기도 했다. 활쏘기 훈련을 함께하며, 부하들과 술을 마시는 일도 잦았다. 병사들은 그들을 진정으로 아끼는 이순신 장군을 존경하며 따랐고 목숨을 아끼지 않고 전투에 임했다. 임금마저도 포기한 명량해전에서 단 열두 척의 배로 승리의 역사를 만들어낸 것은 병사 개개인의 잠재력을 폭발시킨 이순신 장군의 리더십이 있었기에 가능했다.

왜 직원들은 그를 따를까

연세대 정동일 교수는 다음과 같이 리더십을 정의했다.

"리더십은 부하들에게 긍정적 영향력을 통해 자발적 추종을 불러일으켜 조직이나 부서에서 원하는 목표를 달성하는 능력과 과정이다."

리더가 구성원들의 마음을 얻으면 구성원들은 리더에게 이른바 '자발적 추종'을 하게 된다. 이 자발적 추종이 리더십에서 중요한 이유는 비용 때문이다. 리더가 부하의 마음을 얻지 못하고 두 주체 사이의 신뢰가 깨지면, 리더는 구성원들이 일을 제대로 하고 있는지 끊임없이 감독하고 간섭해야 함으로 감시 비용Monitoring cost 이 발생한다.

또 정동일 교수에 의하면, 리더가 자신의 지위를 근거로 일방적인 명령을 내려 일을 진행하는 것은 리딩leading 이 아니라 매니징managing 이라고 할 수 있다. 구성원들이 리더의 지위 때문에 리더의 말에 복종하고 일을 하는 것을 리더십으로 착각하지 말아야 한다는 뜻이다.

감시 비용이 높은 조직은 단기적인 성과주의에 빠질 가능성이 매우 높다. 구성원 개개인은 당장 자신에게 어떤 이익이 생길지를 계산하면서 일하게 되고, 리더도 구성원과의 긴장 관계를 유지하느라 시장의 변화나 트렌드를 감지할 기회를 빼앗기게 된다. 만약 이런 기업에 위기가 온다면, 리더는 제대로 된 전략을 내놓지 못할 것이며 구성원들은 제 살길을 찾느라 아무도 남아 있지 않을 것이다.

소프트웨어 기업 SAS는 2010, 2011년 〈포춘〉지 선정 2년 연속 '일하기 가장 좋은 기업' 1위에 뽑혔다. 그런 SAS에도 위기는 있었다. 2008년 금융위기가 전 세계를 덮쳤을 때 업계에서 최고였던 SAS마저 구조조정의 칼바람이 불어올 것이라는 불길한 소문이 떠돌았다.

짐 굿나이트 Jim Goodnight 회장은 직원들의 이런 걱정을 잠재우고 편하게 일할 수 있도록 배려했다. 그는 2009년 1월 웹 방송을 통해 세계 곳곳에 있는 SAS 직원들에게 세계 어느 지사에도 구조조정은 없을 것이라는 메시지를 전했다. 실제로 2009년에 구조조정은 없었다.

직원들은 기쁨과 고마움을 느끼지 않을 수 없었다. 몇 달간 고용문제로 불안했던 마음이 회장의 한마디로 씻은 듯이 말끔해졌다. 이렇게 어려운 시기에도 전 직원들을 안고 함께 가겠다는 회장의 의지는 직원들을 한껏 고무시켰다.

그 후 직원들은 누구 하나 빼지 않고 회사의 위기에 맞섰다. 늘어난 업무량이나 업무 시간에 불만을 갖지 않았다. 일단 자신이 속한 회사, 짐 굿나이트 회장이 이끄는 SAS를 위기에서 건져내는 것이 우선이라고 생각했다. 모두가 몸을 사리지 않고 열심히 일한 덕분에, 금융위기 속에서도 SAS는 건재했다. 심지어 그 어려운 시기에도 흑자를 유지했다. 짐 굿나이트 회장은 직원들 앞에 서서 그들이 보여준 열정과 의지에 감사를 표했고, 고생한 직원들에게 충분한 보너스를 약속했다.

짐 굿나이트 회장은 "매일 밤 나의 재산 95%^{직원}가 운전을 해서 정문을 빠져나갑니다. 다음 날 아침에 그들이 돌아오도록 하는 게 제 임무죠"라고 말한다. 직원들이 즐겁게 일하는 회사, 기꺼이 자신들의 능력을 내줄 만한 회사가 되도록 만드는 것이 리더가 할 일이라는 뜻이다.

SAS는 일하기 좋은 회사 분위기를 조성하기 위해 다양한 시도를 하고 있다. SAS 본사의 아침은 퇴근 후 집으로 돌아갔던 직원들과 그들의 아이들로 북적인다. 어린 자녀를 돌보도록 사내 탁아소를 운영하기 때문이다. 이에 대해 SAS의 한 여직원은 회사가 자신을 단순히 한 명의 직원으로서만 생각하는 것이 아니라, 한 아이의 엄마이자 주부이며 동시에 회사의 인재라는 점을 인정해준다고 자랑스럽게 말했다. 그녀는 아이 때문에 포기할 수도 있었지만, 탁아소를 설치해 계속 일을 할 수 있게 해준 회사의 배려에 감사하고 있었다.

경제불황으로 수많은 기업들이 수시로 위기와 변화에 직면하지만 SAS는 전혀 불안하지 않다. 왜냐하면 언제든지 발 벗고 나서 회사를 지켜줄 전 세계 수 만 명의 직원들이 든든하게 자리를 지키고 있기 때문이다.

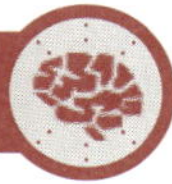

Brilliant Tip 빌 게이츠의 한 마디

1984년 마이크로소프트(MS)가 출시한 엑셀(Excel) 소프트웨어에 중대한 결함이 발견되었다. 당시 그 상품을 담당하던 매니저는 괴로움을 무릅쓰고 빌 게이츠를 찾아가 어떤 일이 벌어지고 있는지 자세하게 털어놓았다. 그리고 그는 시장에 출시된 상품을 모두 회수해야 한다고 건의했다. 빌 게이츠는 화를 내며 그를 해고했을까? 아니다. 그에게 "오늘 자네는 회사에 2,500만 달러의 손실을 입혔네. 내일은 좀더 잘하길 바라네."라고 말했다. 그 상품을 담당했던 매니저 제프 레이스는 그 이후 MS에서 없어서는 안 될 관리자 중 한 명이 되었다.

● **카네기의 '타인의 호감을 사는 법'**

1. 따뜻하고 성실한 관심을 기울여라.
2. 이름을 기억하라.

3. 말하기보다 듣기를 잘하라.
4. 마음속으로부터 칭찬하라.
5. 미소를 지어라.
6. 상대의 관심 방향을 간파하라.

02
리더십의 근원

김성근 감독의 리더십

야구의 신, 즉 야신野神으로 불리는 김성근 감독은 1984년 이후 국내 프로야구 6개 팀 감독을 역임하며 한국시리즈 3회 우승, 프로야구 통산 1,234회의 승리를 거둔 명장 중의 명장이다. 김성근 감독이 야구의 신이 된 데에는 그가 써온 '꼴찌의 기적' 역사가 한몫한다. 그의 손이 닿는 꼴찌 팀마다 기적 같은 승리를 일궈내며, 눈부신 성장을 했다. 특히 태평양 돌핀스는 아무도 기대하지 않던 승리를 연거푸하며 감독의 힘이 얼마나 중요한지 보여주었다.

김성근 감독은 2011년 12월, 새로운 팀의 감독을 맡았다. 그런데 이 명장이 새로 맡은 팀은 프로야구 1군도 2군도 아닌 한국 최초의 독립 구단 '고양 원더스'였다. SK에서 갑작스럽게 경질된 이후 야구만을 그리워하던 그를 야구판으로 불러들인 곳은 화려한 프로들의 세계가 아닌, '오합지졸', '낙오자'라 불리던 선수들인 것이다.

고양 원더스의 선수들은 프로야구에서 버려지거나 야구를 접은 지 수년째인 선수 아닌 선수들이었다. 프로팀에서 부상을 당하거나 실력 부진으로 방출된 선수들은 야구에 대한 꿈을 접고 직장을 다니거나 아르바이트를 하고 있었다. 고교 졸업 후 한 번도 프로구단의 드래프트를 받지 못한 선수들도 다수 섞여 있었다. '야구선수'라고 부르기도 민망한 실력과 씨름선수만큼 비대해진 몸으로 구단 창단식에 참석한 선수들의 눈빛은 두려움과 설렘이 공존했다.

고양 원더스에 부임한 김성근 감독에 대한 팬들의 기대는 다시 치솟았다. 야구 배트를 잡은 지 몇 년이나 흘렀다는 선수들을 데리고 김성근 감독은 또 어떤 신화를 이루어낼지 이목이 집중됐다.

훈련이 시작되자 야신은 한 마리의 호랑이로 돌변했다. 손에서 피가 터질 때까지 배트를 치게 했고, 숙소에서 훈련장까지 14km에 이르는 거리를 이른 아침과 훈련을 마친 후에 뛰어가도록 시켰다. '선수가 아니라 감독인 내가 납득할 때까지 한다'는 것이 김 감독의 훈련 철학인 만큼 선수들은 뛰고, 뛰고 또 뛰었다. 선수들의 몸에서 비지땀이 흘러내렸지만 몇 년째 방치된 몸은 프로구단 선수들 기량의 반에도 미치지 못했다.

1차 시도했던 훈련 방법을 선수들이 잘 따랐음에도 불구하고 기대했던 만큼 페이스가 오르지 않자 김 감독은 더욱 엄격해졌다. 선수들 사이에 일명 '잡혔다'라고 표현되는 지옥훈련이 시작된 것이다. 김 감독이 직접 공을 던지면 선수는 그 공을 받아쳐야 했다. 쉼 없이 날아오는 공을 쳐내기란 생각만큼 쉽지 않았다. 하지만 김 감독은 마음에 드는 타구 폼과 속도가 나올 때까지 계속 공을 던졌다. 하루 14시간이라는 고된 훈련이 이어졌지만 선수들은 불평 한마디 할 수가 없었다. 지옥 훈련만큼이나 힘든 것은 식단조절이었다. 씨름선수를 떠올리게 할 만큼 비대해진 몸을 관리하기 위해 하루 식사로 주먹밥 두 덩이와 라면 한 그릇이 전부였던 것이다. 또 몸이 부서질 만큼 훈련을 한 이후 밤이 되면 '정신교육'이 이어졌다. 이때 선수들의 훈련 모습을 찍은 화면을 보여주면서 김 감독은 폭풍 잔소리를 쏟아냈다.

김 감독의 지도 방법은 사실 첫눈에 보면 그리 바람직해 보이지 않는다. 선수들의 몸을 혹사시키고, 훈련 내내 엄한 얼굴을 하고 있다. 식사 시간에 선수들과 겸상도 하지 않는다. 이렇게 강압적이고 무서운 김성근 감독의 리더십이 도대체 어떻게 기적을 만들 수 있었던 걸까? 선수들이 김성근 감독의 말에 고분고분 따르는 이유는 무엇일까?

사실 김성근 감독의 리더십은 강압이 아닌 분명한 목표와 의지에서 나온다. 김성근 감독은 "버리는 건 쉽다. 부족한 선수들을 어떻게 고치느냐가 감독이 할 일이다."라고 말한다. 감독은 자기 스스로도 '낙오자'라고 말했다. SK에서 경질된 이후 백수로 지냈기 때문이다. 김 감독은 백수였던 자신과 낙오된 선수들이 같은 입장이라고 생각했다. 같은 처지에 놓인 감독과 선수들의 목표는 하나일 수밖에 없었다. '화려한 재기와 승리'. 목표가 분명한 팀은 결코 분열되지 않는다. 또 목표가 절실하면 오합지졸에서도 이겨야 한다는 투지와 함께하면 할 수 있다는 자신감이 생기게 마련이다. 김 감독은 그런 점을 선수들에게 잘 이해시켰다. 그래서 공통의 목표를 달성하기 위해 '자신을 버리고 새로 태어나라'고 주문했던 것이다. 당연히 그 과정이 고되고 힘들다는 것을 선수들도 알고 감독 자신도 알았다. 선수들 또한 감독의 깊은 뜻을 알고 있었기에 손에 피가 나도록 배트를 잡고, 공을 던지고, 온 몸이 부서질 정도로 뛰어도 불평하지 않았던 것이다. 하지만 아쉽게도 고양 원더스가 2014년 9월 창단 3년 만에 해체되면서 그의 의미있는 도전도 멈추게 되었다.

소통의 아이콘, 타르야 할로넨 대통령

김성근 감독이 '엄한 아버지' 같은 리더십을 가졌다면, 핀란드를 12년간 이끌었던 첫 여성대통령 타르야 할로넨Tarja Halonen은 '자애로운 어머니'의 리더십을 보여줬다. 국가 청렴도, 국가 경쟁력, 환경지수 등 각종 국제지표에서 세계 1위의 기록들은 타르야 할로넨이 재임 기간 중 일궈낸 성과였다. 가장 유력한 차기 UN 사무총장으로도 꼽히고 있는 그녀는 다른 리더들과는 다른 행동으로 자주 주목을 받는다.

대통령 재임 기간 중 G20 정상회담 참석차 한국을 방문했을 당시 호텔서비스를 이용하지 않고 자신이 가져온 다리미로 옷을 다려 입어 화제가 된 바 있다. 또 아프리카 나미비아를 방문했을 때는 원주민들과 함께 음악에 맞춰 몸을 흔드는 소탈한 모습을 보이기도 해 사람들에게 강한 인상을 남겼다. 핀란드 최초 미혼모 출신의 국회의원이 된 할로넨은 자신이 겪은 경험을 토대로 국민들 모두 평등하게 누릴 수 있는 각종 복지정책을 펼쳤다. 독립기념일 파티에 파격적으로 성性 소수자들을 초대한 것도 자신의 신념을 사람들에게 확인시키기 위한 것이었다. 그리고 이런 일을 한 대통령은 타르야 할로넨이 처음이었다. 그 결과 그녀는 임기 중 88%, 퇴임 당시 80%라는 놀라운 지지율을 기록했다.

핀란드에서는 할로넨 대통령을 '무민마마moomin mama'라고 부른다. 핀란드 국민 캐릭터 '무민'의 엄마라는 뜻으로 엄마 대통령이라는 의미를 내포하고 있다. 국민들을 위해 열심히 일하는 할로넨 대통령의 모습이 무민 벨리에서 가족을 돌보면서 외부로부터 마을을 지켜내는 강하면서도 다정한 엄마, 그러면서 소박하고 열심히 일하는 엄마의 모습을 꼭 닮았기 때문에 지어준 별명이었다. 한 국가의 대통령이 국민들에게 이런 친근한 별명으로 불리고, 80%를 상회하는 높은 지지율을 얻는 나라가 과연 몇이나 될까?

할로넨이 대통령으로서 국민의 지지와 존경을 받는 진짜 이유는 그녀의 모든 행동과 정책이 '국민의 행복'이라는 것에서 나오기 때문이다. 그녀가 대통령으로 재임한 2000년부터 2012년까지 국정운영의 원칙은 '자신의 목표는 오직 국민의 행복이며, 자신이 가진 단 하나의 기준은 국민'이라고 말할 정도로 그녀는 자신의 원칙을 철저하게 지켜냈다. 특히 '국민의 행복'이라는 기준에 어긋나는 일에는 소신 있게 대응했다. 이라크 전쟁이나 지뢰 문제 등 외교적으로 민감한 사항은 더 세심하게 살펴보고 결정을 내렸다. 경영인들과의 협상에서도 그녀가 최우선의 기준으로 둔 것은 국민이었다. 경영인협회에서 핀란드를 사업하기 적합한 나라로 변화시켜야 한다고 요청했다. 하지만 할로넨은 단호하게 대답했다.

"사업가들에게 가장 좋다는 것이, 국민들 모두에게 가장 좋다는 의미는 아니라고 생각합니다."

선거 유세 기간에만 친근한 국회의원이 되는 사람들과 할로넨의 행보는 너무도 달랐다. 그녀는 빼곡하게 쓴 공약서로 국민들을 논리적으로 이해시키려고 하지 않았다. 그 대신 자신이 약속한 핀란드가 어떻게 변해 가는지 국민들에게 보여주었다.

엄한 아버지 김성근 감독, 자애로운 어머니 타르야 할로넨은 리더십을 발휘하는 방법은 달랐지만 두 리더 모두 선수들과 국민들의 감성을 흔들었다.

흔히들 감성리더십이라고 하면 따뜻하고, 부드럽고 인자한 리더의 모습을 떠올린다. 부하직원들의 마음을 얻는 방법은 단순히 웃음 띤 얼굴 하나로 되는 것이 아니다. 오히려 더 중요한 것은 리더가 가지고 있는 확고부동한 목표와 그것을 이루려는 의지다.

감성을 흔들어라. 그러려면 무엇보다 사람들이 당신의 목표에 동의하고 있는지를 먼저 살펴야 할 것이다.

Brilliant Tip 감성리더의 조건

알베르트 아인슈타인은 "지능에는 강한 근육이 있지만 인격은 없습니다. 그것은 우리를 인도할 수 없습니다."라고 말했다. 이는 구성원들이 리더를 믿고 따르도록 하는 원동력은 그들의 마음을 헤아리는 리더의 감성임을 강조하는 말이다.
그렇다면 어떻게 해야 감성리더가 될 수 있을까?

1. '감성역량'을 키워라.

감성역량에는 4가지 영역이 있다. 자기 정서를 인식하는 '자기인식', 긍정적 관점을 가지고 자기 정서를 통제하는 '자기관리', 타인에 공감하는 '타인인식', 갈등관리와 영향력을 발휘하는 '관계관리'가 그것이다.

2. 스토리텔러가 되어라.

완벽한 논리가 아닌 마음을 움직일 수 있는 '감성 바이러스'를 퍼뜨리자. 진정성 있는 이야기는 백 번의 변화관리 프로젝트보다 강력하다. 상황에 적절하고, 감동 있고, 웃음까지 버무린 스토리텔링으로 구성원들의 마음을 흔들자.

3. 끊임없이 성찰하라.

리더로서의 자신의 장단점을 객관적으로 판단하고 분석해보는 기회를 많이 갖는 것이 좋다. 높은 간부급일수록 자신의 단점은 제대로 인식하지 못하는 경우가 있는데, 동료, 부하직원 등 여러 직급과 직무를 가진 사람들에게 다면 평가를 받아 자신을 냉철하게 분석해보자.

03
뛰어난 개인 vs 위대한 팀

"여기 모인 분들은 모두 전문가들이십니다."

영화 〈도둑들〉에서 마카오 박이 도둑들을 모아놓고 한 말이다. 그도 그럴 것이, 막대한 자금으로 세계 이곳저곳의 무기를 공수해오는 첸, 3초면 어떤 금고도 따버리는 팹시, 와이어도 없이 이 빌딩, 저 빌딩을 넘나드는 예니콜, 스리슬쩍 상대방 주머니에 있는 물건을 훔치는 씹던껌 등 도둑질이라면 신의 경지에 오른 사람들이 한 팀이 되어 있었다.

'태양의 눈물'이라는 값비싼 다이아몬드를 훔치기 위해 조직된 이 팀은 마카오 박의 지휘 아래 일사분란하게 자신의 역할을 해낸다. 씹던껌이 보안요원 주머니에서 키를 꺼내면 곧장 예니콜이 빌딩 벽을 타고 키를 전달한다. 팹시는 예니콜이 가져온 키로 금고가 있는 방에 들어가 금고의 문을 돌린다. 물론 이 와중에 벌어지는 난투극에는 첸이 나눠준 무기가 큰 몫을 한다.

'프로 도둑들'이다 보니 자기 능력에 대한 자부심이 대단하지만 다이아몬드를 손에 넣기 위해서는 서로의 능력을 조금씩 빌리지 않을 수 없다. 뛰어난 개인들 중 누구 하나라도 없었다면 금고 앞까지 가는 것은 상상하기 힘들었을 것이다.

기업들도 뛰어난 개인들을 모으는 데 열을 올리고 있다. 하지만 소위 스펙 좋은 직원들을 채용하더라도 이들을 하나의 팀으로 응집하지 못한다면 무슨 소용일까.

기업 전체를 위해 일한다는 것

엔론Enron Corporation은 '차별화와 지지'라는 인재 경영 모토 아래 명문 대학이나 경영대학원을 졸업한 인재들을 끊임없이 영입했다. 하버드를 졸업한 '놀라울 정도의 인재'들도 대거 영입해 회사 전체를 똑똑한 인재 중심으로 재편했다. 그러면서 그들에게 연공서열과 별도로 승진을 약속했다.

다시 말해 '머리 좋은 사람은 특별히 우대하겠다'는 뜻이다. 실제 엔론에서 한 번 '인재'로 평가받으면 사업에 실패해도 계속 새로운 기회를 얻었다. 영국 런던비즈니스스쿨 교수 게리 하멜Gary Hamel 이 "엔론에서는 〈월스트리트〉 표지를 장식할 정도로 폭삭 망해버려도 경력이 보장된다."고 할 정도였다.

똑똑한 사람들에게 부당하게 주어지는 특혜는 그들이 회사에서 무리한 자기실현을 추구하도록 만들었다. 스타 대접에 익숙해진 그들은 기업 전체의 이익을 위해 일하는 것에 도통 익숙해지지 않았다. 결국 기업이 심혈을 기울여 영입한 똑똑한 인재들은 조직의 틀 밖에서만 사고

하려 했고 엔론이 위기에 처했을 때 회사를 구하지 못했다.

스페인의 축구팀 레알 마드리드도 엔론과 비슷한 경우다. 2000년대 초반 레알 마드리드는 일명 '갈락티코_{galactico, 은하수} 정책'을 내세워 최고의 선수들만을 영입했다. 높은 이적료와 연봉을 감수하면서 스카우트한 당대 최정상급 스타들 때문에 '지구 방위대'라는 별명까지 얻었다. 지네딘 지단을 비롯해 호나우두, 데이비드 베컴 등 이름만 들어도 입이 떡 벌어지는 선수들이 한 팀에 모였으니 축구팬들의 기대는 한껏 부풀어 있었다. 하지만 막상 시즌이 시작되자 레알 마드리드는 우승은 커녕 과거보다 성적이 훨씬 저조했다. 포지션에 상관없이 무조건 초호화 선수들을 영입하다 보니 팀워크가 전무했기 때문이다.

팀워크로 승부하라

한편 굴지의 기업 IBM이 휘청하던 1990년대, 루 거스너_{Lou Gerstner} 회장이 새로 부임했다. 그는 '고객 중심'을 제1원칙으로 내세우고 회사 내에 팽배한 일등주위와 엘리트 의식을 경계했다. 그러면서 그는 조직의 구성원들의 잠재력을 극대화하기 위해 팀워크를 강조했다.

당시 IBM은 미국 최고의 인재들이 모이는 회사였다. IBM은 더 똑똑한 사람들을 영입하기 위해 총력을 기울였고, 더 많은 수재들이 입사할수록 뿌듯해했다. 또 회사에 입사한 수재들끼리 더욱 치열하게 경쟁하는 문화를 조장함으로써 '더 똑똑한 사람만이 살아남는다'고 세뇌시켰다. 이로 인한 가장 큰 문제는 모두가 자신감의 수준을 뛰어넘어 자만심에 사로잡혔다. 회사에서 한 번 인정받은 직원들은 모두의 부러움을 살 정도의 보상을 받았고, 회사는 이런 인재 시스템의 장점을 대대적으로 홍보했다. 결국 직원들은 점점 회사보다 개인을 먼저 생각하는 스타 의식에 젖어버렸다.

루 거스너 회장은 이런 문화를 뿌리째 흔들기로 마음먹었다. 그가 가장 먼저 칼을 꺼내 든 곳은 이른바 'IBM 순혈주의'라고 불리던 암묵적인 승진 시스템이었다. 당시 IBM은 순혈주의라는 이름 아래 친분이나 구습에 얽매여 몇몇 사람들이 주요 직책을 도맡았고, 그렇게 천거된 인물은 또다시 승진에 따른 보상으로 전문성을 배제한 인사를 단행하기도 했다.

루 거스너는 특히 문제가 많았던 홍보와 재정 분야에 파격적 인사를 단행했다. 외부의 전문가를 전격 영입하기 시작한 것이다. 그는 마케팅 담당자로 아메리칸 익스프레스의 이사였던 애비 컨스탬_{Abby Kohnstamm}을 데려왔고 재정책임자로는 미국의 자동차회사 크라이슬러에서 14년간 일하면서 도산 위기의 회사를 정상으로 돌려놓은 제롬 요크_{Jerome Bailey York}를 고용했다.

다음으로 신경 쓴 것은 스타 의식에 젖은 인재들의 마음을 하나로 모으는 것이었다. 그가 선택한 방식은 '대화'였다. 과거의 임원들은 직원들을 모두 강당으로 불러놓고 연설하는 것을 좋아했다. 연단에 높이 선 임원들은 스타 의식에 젖어 직원들보다 우월한 위치에서 자신의 이야기를 일방적으로 전했다. 당연히 이런 연설은 직원들을 감동시키지 못했다. 루 거스너가 부임했을 때는 이미 10만 명이 해고되었고, 회사가 곧 쓰러질 것이라는 패배주의가 팽배했음에도 불구하고 전혀 변화의 기미가 보이지 않았다.

루 거스너는 직원들을 직접 일대일로 만나기 시작했다. 어떻게 IBM이 재기할 것인지 부활의 청사진을 제시했고, 직원들 여럿이 모이면 토론을 유도함으로써 연단 위에서만 떠들던 과거의 임원진과 자신을 확실히 차별화했다. 특히 직원들이 몇 명만 모여 있어도 그곳으로 가 IBM의 부활을 외쳤고, 직원들이 적극적으로 여러 의견을 개진하도록 했다. 이런 대화 방식을 두고 사람들은 마치 과거 예수 그리스도의 제자들이 복음을 전파하는 모습과 비슷하다며 '회당 모임'이라고 비아냥 거리기도 했다. 하지만 일명 회당 모임을 거치며 스타 의식에 빠져 있던 직원들은 점차 IBM의 부활을 위해 마음을 모으기 시작했다.

루 거스너는 전 세계의 직원들과 소통하기 위해 이메일도 적극 활용했다. 워낙 거대한 몸집을 가진 회사이다 보니 중요한 정책 변화가 있을 때도 언론을 통해 먼저 소식을 전해 듣는 것이 일반적이었지만 루 거스너는 회사에 대한 정보를 직원이 가장 먼저 알도록 이메일을 통해 조치를 취했다.

파벌 싸움을 근절한 것도 인재들이 회사와 단 하나의 목표에 집중하도록 만들기 위해 단행한 개혁책이다. IBM의 임원이 되면 막강한 파워를 가지다 보니 독자적으로 예산을 편성하고 사람을 움직이는 경우가 많았다. 이 때문에 많은 인재들이 회장보다 부서장을 더 두려워하고 임원의 보좌관이 되는 꿈을 꾸기에 이르렀다. 최고경영층과 직원들의 거리가 더욱 멀어진 것이다. 문제를 해결하기 위해 루 거스너는 임원들의 보좌관 수를 대폭 줄였다. 프로젝트 리더를 선발할 때도 임원이 아닌 실무진 위주로 선발했고, 이간질하는 정치꾼들을 엄벌에 처했다. 그 예로 IBM의 유럽 지사장이 루 거스너가 직원들에게 보낸 메일을 중간에서 차단해버린 일이 있었다. 나중에 이를 알게 된 그는 유럽 지사장을 본사로 불러들여 호통을 치고는 해고시켰다.

인재들의 힘을 하나로 모으기 위한 루 거스너의 전술들은 결국 IBM을 다시 일으켰다. 위기 시에는 스타 의식에 젖은 수재들보다는 회사와 한 방향으로 나아가는 직원들이 더욱 절실하다는 것을 제대로 알려준 사례다.

"유명세는 필요 없다. 중요한 것은 오로지 그라운드 위에서 보여주는 실력이다!"

2002년 한일 월드컵에서 4강 신화의 기적을 만든 히딩크 감독이 한 말이다. 하지만 신화는 노력 없이 쓰이지 않았다. 2000년 한국 대표팀 감독으로 부임한 히딩크는 북중미골드컵 직후까지만 해도 경질설이 나돌 만큼 힘겨운 시간을 보냈다. 하지만 히딩크호는 2002년 4월 코스타리카를 2 대 0으로 물리친 후 상승세를 타기 시작했다. 그리고 월드컵 개막을 한 달 앞둔 4월에는 최종 엔트리 명단을 발표했다. 월드컵을 코앞에 두고는 잉글랜드와 프랑스 등 유럽의 강호들과 차례로 평가전을 가졌다. 당시 '너무 강한 상대와 평가전을 치르는 것 아니냐'는 지적도 있었지만 결과는 대성공이었다. 히딩크호는 강호들과 대등한 경기를 펼치며 계속 팀워크를 다지는 훈련을 한 것이다.

11명의 선수들이 넓은 경기장 한쪽에서 다른 한쪽까지 공을 주고받고, 그 공이 결정적인 어시스트로 이어지지 않았다면 골은 터지지 않았을 것이다. 골 욕심을 버리고 절호의 찬스를 가진 선수에게 기꺼이 패스하는 팀워크가 4강 신화의 원동력이 된 것이다.

취업난이 극심한 요즘, 청년들 사이에는 이른바 '취업 세트' 만들기 열풍이다. 취업 세트는 취업을 위해 필수적으로 갖추는 갖가지 스펙을 말한다. 취업 3종 세트로 시작된 취업 세트는 최근 9종 세트까지 확장되었다. 취업 9종 세트에는 학벌, 학점, 영어점수, 어학연수, 자격증, 공모전 입상, 인턴 경험, 자원봉사, 성형수술이 포함된다. 어쩌다 취업을 위해 성형수술까지 하는 지경에 이르렀을까? 소모적이기만 한 이런 이상한 경쟁은 기업 스스로 '정말 필요한 역량', '정말 필요한 인재'에 대한 명확한 기준을 제시할 때 멈출 수 있다.

● **기업들의 이색채용 사례**

버진그룹: 창업자 리처드 브랜슨은 2011년부터 버진 전 계열사에 전과자를 채용했다. 브랜슨은 전과자에게 허드렛일을 주지 말라고도 당부했다. 그는 "기대했던 것보다 좋은 자리를 얻은 사람은 자신을 증명하기 위해 모든 일을 다 할 것"이라고 기대했다.

일본전산: 나가모리 사장도 이색 채용을 도입한 기업인으로 잘 알려져 있다. 그는 창업 초기, 중소기업이 대기업과 맞서 경쟁하려면 학벌이나 공부 잘하는 사람보다 개성 있고 추진력 있는 인재가 회사에 도움이 된다고 강조했다. 그의 철학은 "군대 생활을 해보니 밥 빨리 먹고, 목욕 빨리하고 용변 빨리 보는 사람이 일도 잘하더라"는 그의 장인의 말에서 비롯되었다. 이후 밥 빨리 먹기, 화장실 청소 등의 시험으로 직원을 채용하는 것으로 이어졌다.

한국IBM: 신입사원 채용 서류 전형에서 장애인과 보훈 대상자 외에도 성 소수자에게 가점을 부여한다. 다양한 사람이 어울려야 회사가 성장할 수 있다는 판단에서다.

구글: 구글은 지원자를 인터뷰할 뿐 아니라, 지원자도 구글을 인터뷰할 수 있도록 한다. 훌륭한 인재를 뽑았는데 회사와 맞지 않는 경우가 생길 수 있기 때문이다. 다양한 동기의 지원자들에게 과연 그에게 맞는 회사인지 판단할 수 있도록 충분한 정보와 기회를 제공하는 것이 목적이다. 지원자가 구글문화를 파악할 수 있도록 회사를 충실히 안내하고 여러 사람들을 만나게 해서 회사에 대해 궁금한 모든 점을 물어보게 한다.

04
스위트 스팟 네트워크

스위트 스팟(Sweet Spot)을 자극하라

골프채, 라켓, 야구배트에는 스위트 스팟이라고 부르는 타격점이 있다. 배트에 공이 맞았을 때 많은 힘을 들이지 않고 원하는 방향으로 보낼 수 있는 최적의 지점을 뜻한다. 원래는 스포츠용어였지만, 개인의 역량이 최대로 발휘되는 지점 혹은 최적의 상황이 조합되는 교집합 지점을 의미하기도 한다.

위키피디아는 스위트 스팟의 결과물이다. 누구나 가장 자신 있는 분야스위트 스팟의 정보를 작성할 수 있으며, 또 누구나 다른 사람의 부족한 정보나 오류를 보완·수정해 신뢰할 수 있는 최상의 콘텐츠를 제공하기 때문이다. 이런 점에서 위키피디아는 불특정 다수 전문가의 스위트 스팟이 연결된 '스위트 스팟 네트워크'라고 할 수 있다.

위키피디아는 사용자 모두가 함께 만들고, 편집하고, 이용하는 온라인 백과사전이다. 위키피디아는 매체가 종이에서 온라인으로 바뀐 백과사전일 뿐만 아니라, 집필 및 편집의 주체와 방식도 달라졌다는 점에서 혁신적이라는 평가를 받았다. 누구나 무료로 이용할 수 있는 위키피디아는 전문가들과 편집자들이 일정한 대가를 받고 집필하는 방식이 아니라 백과사전 작업에 참여하고 싶은 사람이라면 누구나 집필할 수 있도록 했다. 인터넷에 접속하는 사람이라면 누구나 위키피디아 사이트에 들어와 그곳에 있는 내용을 편집하거나 첨삭할 수 있게 된 것이다.

위키피디아를 설립한 지미 웨일즈Jimmy Wales는 전 세계의 지식의 보고를 창조했지만, 그가 한 일이라고는 직원 몇 명과 함께 지식을 담을 수 있는 서버와 웹페이지를 제공한 게 전부다. 물론 이 위키피디아가 진화하면서 관리를 위해 더 많은 관리자들을 영입해야 했다. 하지만 단순한 관리 차원일 뿐 지식의 처리를 맡기지는 않는다. 이는 관리자가 아니라 사용자의 몫이기 때문이다.

위키피디아는 지식과 정보는 공유할수록 큰 힘이 된다는 신념을 가진 수많은 사용자들의 자발적 참여를 이끌어냄으로써 단시간 내에 방대한 콘텐츠를 축적하는 데 성공했다. 현재까지 등록된 지식 정보는 무려 2,000만 건이 넘으며 그 수는 계속 증가하고 있다. 이는 오랫동안 백과사전의 대명사로 불려온 '브리태니커'가 244년 만에 종이책사전 출판을 중단한 것과 극명하게 대비된다.

위키피디아가 브리태니커를 누르고 수십억 달러의 자산 가치를 지닌 기업으로 성장할 수 있었던 배경에는 독특한 조직과 의사결정 구조가 한몫을 했다.

　위키피디아가 가진 첫 번째 특징은 자발적 참여의 힘이다. 위키피디아는 개방형 플랫폼을 이용하기 때문에 전문 지식을 갖춘 사용자라면 누구나 언제, 어떤 주제에 대해, 어떤 방식으로 정보를 작성할 것인지에 대한 독자적 의사결정권을 가진다. 자발적으로 모인 사용자 개인들은 위키피디아의 플랫폼이 제공하는 기본 형식을 이용해 공동 생산에 참여한다. 즉 위키피디아의 운영진은 웹사이트의 전체적 방향을 기획하고 운영을 지원할 뿐 사업을 주도적으로 이끄는 세력은 사용자들이다. 사용자 개개인이 보유한 전문지식, 공유 의지 및 의사결정 권한이 하나로 융합되어 강력한 동기부여 수단으로 작용함으로써 탁월한 콘텐츠가 지속적으로 창출되는 것이다.

　위키피디아가 가진 또 다른 특징은 내부 자정 시스템의 힘이다. 앞서 언급했듯이 사용자라면 누구라도 위키피디아의 콘텐츠를 수정하고 편집할 수 있다. 개정판이 나오기 전까지는 이전 판의 오류를 바로잡을 수 없는 오프라인 백과사전과 달리, 위키피디아는 실시간으로 오류 수정이 가능하다. 게다가 오류의 발견 및 수정은 위계질서나 권력이 아니라 정보의 정확성에 근거해 사용자 집단 내부에서 자발적으로 이루어진다.

　개개인의 스위트 스팟과 자발적인 의지가 시너지를 내는 위키피디아의 시스템은 팀 운영을 위한 좋은 본보기가 된다. 유능한 리더라면 팀원 개개인의 스위트 스팟을 찾아내 자발적 참여를 유도하는 능력과 함께 '누구에게 무슨 능력이 있는지 아는' 안목이 필요하다.

누구나 프로젝트 리더가 될 수 있다

고어텍스Goretex로 유명한 고어Gore라는 회사의 경우 누구에게나 자신의 스위트 스팟을 찾아 일할 기회가 주어진다. 회사의 CEO인 빌 고어Bill Gore는 글로벌 화학기업 듀폰DuPont에서 근무할 당시 자신과 마음이 맞고 서로를 잘 아는 사람들과 팀을 짜서 프로젝트를 진행한 적이 있다. 프로젝트 팀원들은 모두 각 분야의 전문가인 데다 서로에 대해 익히 알고 있었기 때문에 보스가 따로 없어도 아무 지장이 없었다. 이 경험을 기반으로 빌 고어는 사장 없이 모두 제 역량을 해내는 회사를 구상하게 되었고 이를 실천으로 옮겼다. 이때부터 그는 프로젝트 팀 내에서 스위트 스팟 네트워크를 강화하기 위해 힘썼다.

고어의 직원들은 자신의 능력을 가장 잘 발휘할 수 있는 프로젝트를 선택해서 일한다. 물론 선택에 대한 책임도 직원 몫이다. 흥미 있는 업무를 자원해서 맡을 경우 직원들도 게을러지지 않을 뿐만 아니라 소규모로 돌아가는 팀 내에서 적극적으로 서로를 돕는다. 당연히 이런 조직에서는 전통적인 의미의 보스가 필요 없다. 물론 팀을 격려하고 성장시키기 위한 촉매제로서의 리더는 존재하나 그 역시 팀 내에서 시기가 되면 자연스럽게 부상한다.

회사 대표인 빌 고어 또한 기존의 보스와는 다른 역할을 수행한다. 직원들이 자신의 스위트 스팟을 발견하고 거기에서 재능을 발휘할 수 있도록 지원하는 것이 그의 가장 큰 임무다.

고어의 직원들은 매년 서로의 기여도에 대해 다면평가를 실시한다. 그들은 서로를 실망시키지 않고 싶어 하며 업무에 대해 긍정적인 평가를 받고 싶어 한다. 그래서 프로젝트 내내 서로를 지원하며 격려한다. 또한 자신이 좋아하는 프로젝트에 참여한 만큼 프로젝트의 목적 달성을 위해 모든 역량을 총동원한다. 빌 고어는 이를 두고 '동료 간의 건전한 압박healthy peer pressure'이라고 말했다.

이렇게 마치 선장 없는 배처럼 불안해 보이는 고어는 우려와 달리 30여 개의 나라에서 50년간 흑자를 기록했으며 의료·섬유·전자 부문에서 1,000개가 넘는 혁신적인 제품들을 생산했다.

GPS는 스위트 스팟의 성과물

1957년 10월, 당시 세계 최초의 인공위성인 스푸트니크Sputnik 호가 발사됐다. 미국 메릴랜드주에 있는 존스홉킨스대학의 구내식당에서 인공위성 발사 뉴스를 함께 보고 있던 연구원들은 모두 물리학의 고수들이었다.

"와, 진짜 놀랍다. 인공위성이 우주 밖에서 지구 궤도를 돌고 있는 중이라니."

"그런데 말이지, 그 인공위성이 지구에 신호를 보내고 있다고 하잖아? 너희들 중에 그 신호를 들어본 사람 있어? 잘하면 우리도 들을 수 있을 거 같은데."

갑자기 다들 눈빛이 반짝였다.

"오, 정말 그게 가능할까? 한 번 해보자."

그들은 장난꾸러기처럼 당장 안테나랑 앰프를 가져와 설치하고 이것저것 만져보기 시작했다. 두어 시간이 흐르자 정말 '삐-삐-' 하는 신호가 잡혔다.

이번에는 다른 생각이 머리를 스쳤다.

"주파수가 조금씩 변하네? 주파수의 변화를 가지고 계산해보면 인공위성이 움직이는 속도를 알 수 있을지 몰라."

그들은 카페테리아에서 만난 다른 분야의 연구원에게도 이 아이디어를 말했다. 여러 분야의 연구원들이 구내식당에 자연스레 합류하면서 팀이 꾸려졌다.

몇 주 동안 인공위성의 속도를 계산하던 그들을 직속상관이 불러들였다.

"얼마 전에 너희가 인공위성이 보내오는 신호를 통해 인공위성의 위치를 추적했다고 했지? 그거 혹시 거꾸로도 가능한가? 그러니까 인공위성의 위치를 추적했듯이 지상 위의 어떤 물체를 추적하는 것도 가능할까?"

상관의 이 질문에 대한 답이 GPS 기술의 토대가 되었다. 그 덕분에 우리는 지금 손안의 스마트폰을 이용해 치과가 근처 어디에 있는지, 가까운 영화관이 어디에 있는지 등을 쉽게 알 수 있다. 모두의 스위트 스팟이 한데 모아진 결과였다.

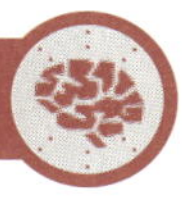

Brilliant Tip　**당신의 경쟁 상대는?**

얼마 전부터 광고회사 오리콤(Oricom)은 '아이디어만 있으면 누구나 디렉터'라는 새로운 슬로건을 내세워 조직을 개조하고 있다. 오리콤은 광고회사라는 기존의 울타리를 벗어나 통합 마케팅 솔루션을 제공하는 회사로 거듭날 것이라고 선언했다.

고영섭 사장은 "변화하는 미디어 환경에 전통적인 카피 한 줄, 그림 하나로 소비자를 더 이상 움직일 수 없게 됐다."며 트렌드를 주도하는 광고회사가 변화된 세상의 흐름을 따라가지 않으면 고객들에게 외면당할 수밖에 없다고 설명했다.

오리콤의 변화는 세계적인 흐름과도 무관하지 않다. 세계 최고의 국제 광고제로 꼽히는 '칸 국제광고제'는 2011년 대회명을 '칸 국제 창조 페스티벌'로 변경했다. 광고(Advertising)라는 단어 대신 창조(Creativity)라는 단어를 사용한 것이다. 이는 광고 산업 내에서의 경쟁을 종결하고, 업종 불문하고 창의적인 아이디어를 가진 기업이라면 모두 경쟁 상대로 삼겠다는 의미다. 반대로 말하면 스위트 스팟이 연결되는 한계가 이미 무너졌다는 의미이기도 하다.

누구나 창의성을 말하는 시대다. 새로운 기술이나 아이디어는 경쟁적으로 세상에 나오고 있다. '소통이 중요하다, 개방이 중요하다, 수평적인 문화가 좋다.'는 이야기들은 이미 오래전부터 기업 경영에 불고 있는 바람이다. 그렇다면 그런 문화를 가진 조직이나 팀의 모습은 어떻게 변화해야 하는지 고민할 때다.

05
당근과 채찍의 유효성

"우리의 감성적 측면이 코끼리라면, 우리의 이성적 측면은 거기에 올라탄 기수인 셈이다. 코끼리에 올라탄 기수가 고삐를 쥐고 있기 때문에 리더처럼 보인다. 그러나 기수의 통제력은 신뢰할 수 없는 부분이다. 기수가 코끼리에 비해 너무 작기 때문이다. 진행 방향과 관련해 코끼리와 기수가 의견이 불일치할 때면 언제나 코끼리가 이긴다. 기수는 상대가 되지 않는다."

뉴욕대학교 스턴경영대학원 조너선 하이트_{Jonathan Haidt} 교수는 코끼리와 기수의 모습을 통해 감성과 이성이 각기 어떤 역할을 하는지 표현하고 있다. 기수가 코끼리를 이끄는 데 꽤 애를 먹는 모양이다. 코끼리와 기수는 종종 의견이 충돌하는데, 기수가 아무리 고삐를 당기고 채찍질을 해도 아주 잠깐 말을 들을 뿐 결국 코끼리가 원하는 방향으로 가거나 그 자리에 멈춰버리는 사태가 벌어진다. 아주 영리한 것으로 알려진 코끼리는 자기 의지도 강하고 의사 표현도 분명하다. 힘이나 덩치는 물론이고 채찍이나 먹이로 움직이지 않으니 기수는 그저 코끼리의 마음이 동할 때까지 기다릴 수밖에 없다.

조너선 하이트 교수는 코끼리와 기수를 각각 감성과 이성에 비유한다. 이성적 선택이 아무리 옳고 확고하다 하더라도 감성을 자극하는 동기부여책이 없다면 선택을 따를 수 없다는 것이다. 이번엔 코끼리와 기수를 부하직원과 리더에 빗대어보자. 리더는 자기가 생각한 방향으로 부하직원들을 이끌고 싶어 한다. 채찍질도 하고 당근도 주면서 앞으로 가자고 코끼리를 살살 달래보지만 얼마쯤 가던 부하직원들, 즉 코끼리는 다른 방향으로 가고 싶어 하거나 심하면 그 자리에 그냥 서버린다. 별다른 동기부여 없이 끌려가는 입장이기 때문이다.

무엇을 위한 당근인가

2007년, 미국 뉴욕에서 공립학교의 수준을 높일 방안을 찾기 위해 거금을 들여 대규모 실험을 진행했다. 실험 대상은 공립학교 2,000곳에 재직 중인 교사 2만 명이었다. 뉴욕시는 이들에게 학생의 출석률과 졸업률 목표를 달성했을 시 1인당 3,000달러의 인센티브를 지급하겠다고 했다. 또한 목표의 75%만 달성해도 인센티브 총액의 절반인 1,500달러를 지급하는 조건을 내걸었다.

경영자 출신의 뉴욕시장 마이클 블룸버그 Michael Bloomberg 는 공립학교 교사들이 이전에 경험하지 못한 파격적인 인센티브 정책을 통해 놀라울 정도로 공립학교 수준을 끌어올릴 것이라고 장담했다. 이 실험을 제도로 정착시켜 더 많은 교사들에게 인센티브 경쟁을 유도할 계획이라고 발표하기도 했다. 그런데 실험이 시작된 지 4년 만인 2010년, 뉴욕시 공립학교 교사를 대상으로 한 인센티브 제도는 슬그머니 자취를 감췄다. 공립학교 수준을 끌어올리기는커녕 학생들의 성취도만 떨어졌기 때문이다.

당근과 채찍의 개념에 대해 경영자들은 혼동을 한다. 이 실험 결과에 의하면 목표를 달성하면 보너스를 주는 인센티브 제도가 실상은 효과가 별로 없거나 역효과를 낼 수도 있다는 사실을 증명하고 있다.

도요타는 일찌감치 당근과 채찍의 한계를 맛보고 제도를 개선했다. 사실 도요타는 성과주의를 다소 늦게 도입한 기업에 속한다. 제도 도입 초기, 직원들은 자신의 능력대로 임금을 받을 수 있다는 생각에 들떠 있었다. 업무 숙련도가 높은 실무진들은 이제야 제대로 된 대우를 받겠다며 기뻐했다. 인센티브가 가져온 생기와 활력은 한동안 지속되는 듯했다.

그러나 얼마 지나지 않아 도요타의 CEO는 인센티브 제도가 회사 전체를 망칠 것이라는 걱정을 하게 되었다. 내부 경쟁을 통한 생산성 향상 효과는 기대한 것처럼 드라마틱하지 않았고, 성과주의의 전형적인 문제점들이 조직 곳곳에서 드러났다. 직원들 사이에 이기주의가 팽배하고 팀워크는 무너졌다. 후임자에게 자신의 업무를 꼼꼼히 알려주던 도요타의 학습조직 문화도 사라져버렸다. 인센티브를 위해서라면 후배도 선배도 모두 경쟁자였기 때문이다.

수직적이고 선후배 관계가 강했던 일본 전통 기업문화도 분명 문제점들이 많이 있었지만, 기술을 전수하고 협력하는 장점들까지 인센티브 제도와 수평적 조직문화 신화에 휩쓸려 간 것이다. 직원들 사이에서는 소소한 싸움이 자주 발생했고, 갑자기 선후배 관계가 무의미해지니 직원들도 혼란스러워했다.

도요타 경영진은 제도를 전면 재검토하고 문제점을 보완하기로 했다. 도요타가 선택한 해결안은 '부하직원 육성'이라는 항목을 성과평가에 포함시키는 것이었다. 자기 성과에만 집착하는 선임자들에게 후배들을 양성하고 기술을 전수할 의무를 부여한 것이다. 또한 직장 내 운동시설, 라운지, 사우나 등을 만들어 직원들이 다방면에서 소통할 수 있도록 했다.

도요타가 기존의 인센티브 제도를 개선하지 않고 그대로 유지했다면, 도요타의 고유한 기술력도 제자리걸음을 했을 것이다. 선배와 후배는 가장 가까이에서 서로를 도우며 일하는 관계였다. 선배가 후배를 가르치는 데 정해진 매뉴얼은 없었지만 자율적으로 자신이 알고 있는 업무나 기술을 후배에게 성심껏 알려주었다. 후배의 업무에 의미 있는 피드백을 가장 빠르게 줄 수 있는 사람도 경영진이나 관리자층이 아닌 바로 옆에 있는 선배였다.

인센티브를 위해 서로 치열하게 싸웠던 선후배는 이제 하나의 팀이 되었다. 여전히 성과 평가 제도는 존재하지만, 도요타의 동기부여책은 직원의 개개인의 성과가 회사 전체의 이익에 부합되어야 함을 명확히 알려줬기 때문이다.

뉴욕의 공립학교 교사와 도요타의 직원들은 정해진 일만 반복하는 생산직 근무자가 아니다. 교사는 학생들과 상호작용하는 가운데 수백,

수천 가지의 다양한 상황에서 학생을 이끌어야 한다. 도요타의 직원들도 선배는 자신이 체험과 학습을 통해 습득한 암묵적 지식부터 명시적 지식까지 후배들에게 전달하는 스승의 역할을 맡고 있다.

세계적인 경영석학 다니엘 핑크Daniel Pink는 물질적 보상 같은 외재적 동기부여는 일부 생산직 직원들에게만 유효하다고 주장한다. 그럼에도 불구하고 많은 기업에서 인센티브 제도를 채택하는 이유는 시행하기 쉽기 때문이다.

지식과 정보를 다루는 화이트칼라의 업무에는 인센티브의 한계가 분명히 나타난다. 실제로 듀크대학의 댄 애리얼리Dan Ariely 교수는 MIT 학생들을 대상으로 실험한 결과, 머리를 쓰는 업무에는 큰 액수의 보너스가 오히려 역효과를 낸다는 것을 밝혀내기도 했다.

유치원에서부터 '참 잘했어요' 도장을 받는 데 익숙한 우리는 보상과 처벌이 어떤 효과를 가지고 있는지 잘 알고 있다. '참 잘했어요' 도장을 받기 위해 식판을 더 깨끗하게 비우고, 손을 더 열심히 씻었다. 도장이 걸린 과제라면 천방지축이던 아이들도 일사분란하게 해낸다. 목적은 오로지 도장 하나를 더 받는 것이었다.

보상과 처벌은 분명 정해진 규칙을 지키거나 효율적으로 일을 해내야 할 때 아주 유용한 동기부여 방법이다. 그런데 찰흙으로 외계인을 만들거나 빨대로 비행기를 만들 때는 '참 잘했어요' 도장 없이도 아이들은 30~40분도 가만히 앉아서 집중한다. 심지어 이제 그만 정리하라는 선생님의 말에도 꿈쩍하지 않는다.

규칙 지키기와 만들기. 여기에서 '당근과 채찍' 법칙이 어긋난다. 규칙 지키기에서는 '참 잘했어요'가 당근이 될 수 있지만 찰흙으로 만들기를 할 때는 '상상한 걸 만들어내고 싶다'는 강한 열망이 당근이 되는 것이다.

지금 당신은 규칙 지키기를 하고 있는가, 아니면 찰흙 만들기를 하고 있는가? 기업의 업무가 어떤 성격을 띠고 있는지 파악하면 당근과 채찍은 달라져야 한다. '참 잘했어요' 도장은 더 빨리 뛰게 만들지만, 더 창의적인 일을 하게 만들지는 못하기 때문이다. 도요타가 선택한 절충안은 이미 성과주의를 대대적으로 시행하고 있는 기업들이 현실적 개선안을 어떻게 마련해야 할지 알려준다.

Brilliant Tip 당근과 채찍 전략

예일대 법학대학 교수이자 경영대학 교수인 이언 에어즈(Ian Ayres)는 《당근과 채찍》에서 당근과 채찍 전략은 인간의 여러 성향과 본성을 파악해 그에 맞게 설계만 한다면 원하는 목표를 충분히 끌어낼 수 있을 만큼 실용적이라고 말했다. 또한 이를 잘만 활용한다면 금연, 다이어트, 외국어 학습 등 개인의 일상적인 문제부터 동기부여, 성과창출, 공공정책 수립 등 조직과 공공의 문제까지 함께 해결할 수 있다고 본다. 중요한 것은 인간의 불완전함을 적극 이용해 그에 맞게 설계함으로써 개인과 조직이 목표에 골인할 수밖에 없도록 만드는 것이다.

1. 직원들의 마음을 움직여라.

미국 최대의 온라인 신발업체이자 고객감동서비스로 잘 알려진 자포스는 신입사원 교육을 마친 직원들에게 뜻밖의 제안을 한다. "지금 자진퇴사할 경우 2,000달러의 보상금을 주겠다."는 것. 결과는 어떨까? 무려 98%가 이 제안을 거절하고 회사에 남기를 선택한다. 그리고 스스로 달콤한 제안을 거절한 직원들은 회사에 대한 더 큰 기대와 비전을 갖게 되어 동기부여와 성과창출로 이어지는 결과를 낳았다.

2. 참여를 유도하려면 다른 사람과 비교하라.

정말로 에너지 절약을 유도하고 싶다면 캠페인 광고는 이제 그만. 지금 당장 요금청구서를 바꿔라. 로버트 치알디니(Robert Cialdini) 교수는 캘리포니아와 워싱턴 15만 가구를 대상으로 요금 청구서에 '같은 평형대 사는 이웃들의 에너지 사용량'을 비교해 넣는 실험을 했다. 그러자 자신들의 낭비를 알게 된 상위 10퍼센트에 속하는 과다사용자들의 에너지 사용량이 급감하는 놀라운 효과를 보였다.

3. 반드시 목표 달성을 이루게 하려면 줬다 빼앗아라.

인간 본성에 맞는 세심한 전략은 일상에서도 필요하다. 예를 들어 누군가의 금연을 돕기 위해선 어떤 전략을 쓰는 게 좋을까? 만약 그가 레드삭스 야구팀의 열렬한 팬이라면 경기 입장권을 코앞에 들이밀고 유혹하는 당근보다 가지고 있는 표를 빼앗겠다고 위협하는 채찍이 훨씬 더 효과적이다.

4. 성공했다는 착각을 불러일으켜라.

우리는 성공적인 상황을 '연출'하는 것만으로도 최종 목표에 도달하는 속도를 높일 수 있다. 컬럼비아경영대학원의 란 키베츠(Ran Kiverz) 교수는 스탬프 10개와 12개짜리 두 가지 종류의 무료커피 쿠폰으로 실험을 했는데 12개짜리 쿠폰에는 이미 2개의 확인도장이 찍혀 있었다. 여기서 재밌는 것은 두 쿠폰이 제공하는 유인은 동일하지만 스탬프 12개짜리 쿠폰은 사람들에게 이미 목표의 6분의 1을 달성했다는 착각을 불러일으킨다는 점. 실제로 1만 회의 조사 결과 12개짜리 쿠폰을 가진 사람들의 무료 커피 성공률이 훨씬 더 높았다.

06
리더의 강렬한 한 마디

스웨덴의 국민기업 '발렌베리 Wallenberg 그룹'은 150년 넘게 자손에서 자손으로 이어진 가족기업이다. 발렌베리그룹의 창업자 앙드레 오스카 발렌베리 Andre Oscar Wallenberg 는 스웨덴 제2의 군주로 불리며 금융 신화를 써내려 갔다. 스웨덴 주식시장 시가총액의 40%, 국민 총생산의 30%를 차지하고 있는 이 거대한 그룹은 14개의 다양한 사업을 운영하고 있다.

경영자 세습과 막대한 부의 생산에도 불구하고 발렌베리그룹이 국민기업이 된 까닭은 지난 150년 동안 단 한순간도 '기업의 생존 토대는 사회'라는 창업자 정신을 잊지 않았기 때문이다.

발렌베리그룹은 이익의 85%를 법인세로 사회에 환원한다. 또 발렌베리재단의 수익금은 전액 기초기술과 학술지원 등 공익적 목적에 쓰인다. 그뿐만 아니라 대학, 도서관, 박물관을 건립해 스웨덴 사회 전체가 혜택을 볼 수 있게 한다. 활동의 범위와 종류는 무궁무진하지만 그 모든 기준은 발렌베리그룹의 토대가 사회에 있다는 흔들림 없는 신념에 있다. 스웨덴 자본주의의 절대 강자이면서 특권 대신 책임을 선택한 발렌베리그룹은 우리나라의 삼성을 비롯한 전 세계의 여러 기업이 벤치마킹하려는 위대한 기업이 되었다.

리더의 결정적인 말 한마디

리더의 말 속에는 큰 방향이 있다. 구성원들이 따를 만한 비전과 비전을 실현할 의지가 그 속에 숨어 있다.

"우주에 흔적을 남기자."-애플의 스티브 잡스

"역사를 만들자."-아마존닷컴의 제프 베조스

"나에겐 꿈이 있습니다."-인권운동가이자 노벨상 수상자 마틴 루터 킹

단순하고도 강렬한 리더의 말 한마디가 시대를, 역사를 움직였다. 스티브 잡스는 고약한 인간성에도 불구하고 여전히 애플의 정신적 지주로 남아 있고, 아마존닷컴은 혁신의 역사를 만들어가고 있다. 마틴 루터 킹으로 인해 흑인들은 인종차별이라는 지독한 현실에서 벗어날 힘을 길렀다.

생텍쥐페리가 말하길, "배를 만들고 싶다면, 사람들에게 일을 지시하고 임무를 분담해주기보다 저 넓고 끝없는 바다에 대한 동경심을 키워주어라"라고 했다. 즉 리더는 아랫사람을 호통치거나 닦달할 필요 없이 회사의 미션과 비전에 대한 끝없는 동경을 심어주어야 한다. '왜 이 일

을 해야 하지?'라는 의심이 '이 일을 꼭 해야겠다'는 의지로 변하는 순
간에 리더가 있는 것이다.

스타벅스는 왜 3시간 동안 문을 닫았을까?

하워드 슐츠Howard Schultz 회장은 평범한 커피체인점에 불과했던 스타
벅스를 세계 최대 커피체인점으로 키워낸 기업인이다. 그는 직원들에
게 스타벅스가 어떤 공간이 되어야 하는지 끊임없이 되새겨준다.

"사람들이 커피 한 잔과 더불어 편하게 토론하고 재즈를 들으며 쉴
수 있는 오아시스를 창조하겠다."

하워드 슐츠는 자신이 말한 것처럼 카페라는 공간을 음료가게에서
새로운 경험을 재창조하는 공간으로 성장시켰다. 그런데 이 비전을 실
현하기까지 하워드 슐츠가 각별히 신경 쓴 것은 인테리어나 커피 맛보
다도 직원들이 자신이 제시한 비전에 공감하도록 만드는 것이었다.

위기 속에 기회가 있다고 했던가. 하워드 슐츠가 직원들을 하나의 비
전으로 결집시킨 것은 2007년 최악의 실적을 낸 기간에 이루어졌다.
그해 몸집 불리기에 급급했던 스타벅스의 방문 고객율은 저가업체의
반격과 늘어나는 경쟁사 때문에 최저치로 떨어졌고 주가도 42%나 하
락했다. '오아시스'는 온데간데없고 매장 불리기에 급급한 경영 방식에
직원들의 불만마저 쌓였다. 창업 이래 손꼽히는 위기를 맞은 하워드
슐츠는 위기를 타개할 방안을 찾느라 진땀을 빼고 있었다.

고객의 마음을 되돌리기 위해 색다른 분위기로 인테리어를 하거나
프로모션을 진행했을 수도 있지만 그는 다른 선택을 했다.

그는 2008년 2월 26일 오후 미국 전역에 있는 7,100개 스타벅스 매장을 3시간 동안 일제히 폐쇄시켰다. 파격적인 결정이었다. 막대한 손실을 감수하고서라도 임시방편이 아닌 근본적인 개선을 해내겠다는 의지였다. 손실이 나고 있는 판국에 매장의 문을 닫아버렸으니, 이사회와 주주, 경영진 모두가 나서서 반대했다. 하지만 그들의 힘으로 하워드 슐츠의 결단과 직원들의 불만을 막을 수는 없었다.

폐쇄한 매장 문 앞에는 일제히 '최상의 에스프레소를 선사하기 위해 잠시 시간을 갖고자 합니다'는 안내문이 걸렸다. 바리스타들은 3시간 동안 동영상으로 최고의 커피를 만드는 법을 다시 배웠다. 이 조치로 회사는 무려 600만 달러의 손해를 봤지만 직원들의 마음에는 '오아시스'에 대한 열망이 꿈틀거렸다. 이 엄청난 이벤트 후 스타벅스는 3시간의 손실을 메우고도 남을 정도로 고객 만족도가 수직 상승했다.

스타벅스의 성과 비밀은 바로 직원들에게 있다. 하워드 슐츠의 행동이 직원들의 마음을 움직인 것이다. 고작 3시간의 교육으로 매장 바리스타들의 커피 제조 실력이 극적으로 향상됐다고 보긴 어렵다.

하지만 이 3시간은 극적으로 직원들의 마음을 울렸고, '오아시스를 창조한다'는 하워드 슐츠의 한마디가 비로소 직원들의 마음에 새겨졌다. 자신이 하는 일은 고객들에게 '최상의 에스프레소'와 함께 '편히 쉴 수 있는 오아시스'를 만드는 의미 있는 일이라는 것을 깨달은 것이다. 3시간의 폐점은 직원과 고객에게 약속한 말을 지키려는 하워드 슐츠의 의지였다.

리더가 선택한 한 마디는 이후 스타벅스 운영의 기준이 되었다. 2년 뒤, 스타벅스는 11조 원이라는 사상 최대의 매출을 기록하며 제2의 전성기를 맞이하게 되었다.

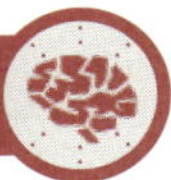

Brilliant Tip **세상을 바꾼 엘 시스테마 프로젝트**

L.A. 필하모닉의 상임지휘자로 서른 살도 안 된 베네수엘라 출신의 구스타보 두다멜(Gustavo Dudamel)이 취임하자 세계가 놀랐다. 두다멜은 그의 출신 배경 때문에 더욱 주목받았다. 그가 나고 자란 베네수엘라는 빈부 격차가 극심한 국가 중 하나다. 두다멜이 태어난 동네는 클래식 음악이나 오케스트라와는 거리가 먼 빈민가였다. 빈곤, 마약, 폭력이 지배하는 빈민가의 아이들은 포르노나 총기 사건에 항상 노출되어 있었다. 이 아이들에게는 그저 마약을 운반하며 받는 푼돈이 유일한 생계 수단으로 여겨졌다.

호세 안토니오 아브레우(Jose Antonio Abreu)라는 경제학자는 베네수엘라의 이 침통한 모습을 개선하기 위해 '엘 시스테마(El sistema)'라는 아이디어를 냈다. 아이들에게 악기 하나씩을 나눠주고, 빈민가의 한 차고에서 오케스트라를 만든 것이다. 아브레우는 아이들에게 말했다.

"음악을 통해 더 나은 사람이 되기 위해 싸워라. Play and Fight!"

전과 5범 소년을 비롯한 11명의 아이들은 처음 만져본 악기를 통해 세상을 사는 또 다른 방법을 알게 되었다. 아브레우의 말대로 '더 나은 사람'이 되기 위해 연습하고 또 연습했다. 두다멜도 그 아이들 중 한 명이었다. 35년이 지난 지금, 베네수엘라는 음악 강국으로 재탄생했다. 엘 시스테마는 세계 전역으로 퍼져나가 빈민가 아이들의 꿈을 실현하는 장기 프로젝트로 발전했다. 마약 운반을 하던 아이들의 손에 클라리넷을 쥐어주며 아브레우가 했던 한 마디의 말은 아이들의 삶뿐 아니라 세상을 바꾸고 있다.

삼일아카데미 교육 프로그램

삼일아카데미는 삼일회계법인의 각 분야 전문가들이 40여 년간 축적한 경험과 노하우를 바탕으로 경영분석, 전략기획, 커뮤니케이션, 리더십, 회계, 재무, 세무, 원가 등 경영 전분야에 교육솔루션을 제공하는 종합교육기관입니다.
고객의 니즈와 상황에 맞는 다양한 교육형태와 차별화된 콘텐츠를 제공하여 고객 성장의 동반자가 되겠습니다.

공개교육

풍부한 실무경험 및 강의, 집필경력을 보유한 분야별 최고의 전문 강사진이 실무 위주의 강의로 진행하는 단기집중 집합 교육과정을 제공합니다.

체계적인 교육개발 프로세스를 통해 국내 그룹사 및 중견기업의 니즈에 맞춤화된 교육서비스를 제공합니다.

방문교육

원격교육

기업 인재양성과 개인의 자기주도적 학습을 지원하기 위해 오직 삼일만이 가능한 실무형 교육과정을 제공합니다. (인터넷·우편 원격교육)

회계이론과 실무능력이 검증된 재경전문가를 양성하기 위해 국가공인 자격시험을 운영합니다.(재경관리사, 회계관리 1,2급)

국가공인 자격시험

중소기업 핵심직무능력 향상지원사업

중소기업의 경쟁력 강화 및 인적자원개발 투자확대를 위해 중소기업 근로자에게 최적화된 무료훈련과정을 제공합니다.

www.samilacademy.com
blog.samilacademy.com

어떻게 달라져야 하는가

1판 1쇄 발행   2014년 10월 8일
1판 2쇄 발행   2014년 11월 6일

지은이   강미라
펴낸이   신민식

책임편집   김미란
편집   경정은 황남상
디자인   전아름
마케팅   박화영
경영지원   김경희

펴낸곳   가디언
출판등록   2010년 4월 27일
주소   서울시 마포구 양화로6길 9-24 동우빌딩 3층
전화   02-332-4103(마케팅) 02-332-4104(편집실)
팩스   02-332-4111
홈페이지   www.sirubooks.com 이메일 gadian7@naver.com
인쇄·제본   (주)상지사 P&B 종이 월드페이퍼(주)

ISBN 978-89-94909-42-4 13320

「이 도서의 국립중앙도서관 출판시도서목록(CIP)은 서지정보유통지원시스템 홈페이지(http://seoji.nl.go.kr)와 국가자료공동목록시스템(http://www.nl.go.kr/kolisnet)에서 이용하실 수 있습니다.(CIP제어번호: CIP2014027904)」